말이 트이는 한국어 I

이화여자대학교 언어교육원
The Institute of Language Education
Ewha Womans University

Pathfinder in Korean

Beginning

Student Book

이화여자대학교 출판부
Ewha Womans University Press

Pathfinder in Korean I

Beginning

Student Book

By The Institute of Language Education of Ewha Womans University
Telephone: 82-2-312-0067, 82-2-3277-3182~3184
Fax:82-2-3277-2855
E-mail: Korean@lu.ewha.ac.kr
http://ile.ewha.ac.kr

Published by Ewha Womans University Press
11-1 Daehyun Dong, Suhdaemun Gu, Seoul 120-750, Republic of Korea
Telephone: 82-2-3277-3164, 82-2-362-6076
Fax: 82-2-312-4312
E-mail: press@ewha.ac.kr
http://www.ewhapress.com

First published 1998
Sixth published 2004

Printed in Korea

Book Design: The Institute of Language Education of Ewha Womans University
Textbook Committee: Yoon-Ho Hyun, Mi-Hye Lee, Seong-Hee Ahn, Hyun-Jin Kim
Cover Design & Layout: Neo Communications
Illustrator: Ahn-Na Lee

ISBN 89-7300-357-7 14710
ISBN 89-7300-358-5 (set)

책을 펴내면서

이화여자대학교 언어교육원에서 "외국어로서의 한국어"를 강의하기 시작한 것은 1988년부터였습니다. 지난 10여년 동안 여러 선생님들의 노력과 현장 교육 경험을 바탕으로 교재의 집필 · 편찬이 계속되어 왔습니다. 그 결과 처음 12권의 책(교재 6권, 숙제 6권)을 선보인 것이 1990년이었습니다. 그 이후에 몇 차례의 수정 작업을 거쳐서 마침내 좀더 바람직한 내용과 모습의 교재 다섯 권과 숙제 다섯 권의 책을 발간하기로 하였습니다. 그리고, 그 중 제1권과 제2권의 제목을 『말이 트이는 한국어』로 하였습니다.

외국어를 가르치고 배운다는 것은 간단한 일이 아니라는 것을 알고 있습니다. 복잡한 언어 구조들의 순서 배열 문제, 듣기 · 말하기 · 읽기 · 쓰기의 통합 방법 모색, 각 개인의 특성에 따른 동기 부여 방법 구현, 다양한 전달 매체를 통한 교육 환경의 최적화, 실생활과 직결된 상황의 이상적 재현, 목표 언어의 문화적 배경 이해를 위한 자료 모색 등이 꾸준히 이루어져야 합니다. 이러한 요소들을 모두 갖춘 교재를 창안한다는 것은 끝이 없는 과정이라고 생각합니다. 이화여자대학교 언어교육원은 이러한 노력의 결과로 『말이 트이는 한국어』를 발간하게 되었습니다. 이 교재가 교육 현장에서 배우는 사람과 가르치는 사람 모두에게 좋은 길잡이가 될 것이라는 희망과 믿음을 갖습니다. 한국어는 3,000개 이상의 세계 언어 중에서 모국어로 사용하는 사람의 수가 15번째로 많은 언어입니다. 이제 한국어는 그 영역을 넓혀서 한국어를 외국어로 사용하는 사람의 수를 늘려야 할 때가 되었습니다. 그 일을 위하여 이화여자대학교 언어교육원에서 새로 발간한 이 교재가 제 구실을 하리라고 믿습니다.

그 동안 『말이 트이는 한국어』의 집필 · 편집을 맡은 언어교육원의 선생님들, 행정적인 지원을 아낌없이 해 준 직원들, 그리고 이화여자대학교 출판부와 Neo Communication 여러분들의 노고를 치하합니다. 교재의 구성, 교육 방법을 비롯한 외국어 교육의 이론적 틀을 마련해 주신 오석봉 교수의 노고에 특별한 고마움을 전하고 싶습니다.

1998년 8월

이화여자대학교 언어교육원
원장 이 승 환

교재 구성

	▶문법 구조 및 표현	▶기능	▶준비 학습 내용
제 1 과 소 개	· 수Ⅰ(1-10) · 의문대명사Ⅰ · 명령문Ⅰ · 단위 의존명사Ⅰ	· 수 읽기 · 수 세기 · 개인 정보 얻기 · 교실 용어 익히기 · 소개하기	· 실생활에서 사용하는 수 · 개인 신상 정보 · 교실에서 사용하는 말
제 2 과 하루 일과	· 수Ⅱ(10-10,000) · 현재 시제Ⅰ · 시간의 부사격 조사(-에)	· 날짜 묻고 말하기 · 시간 말하기 · 하루 일과 말하기 · 초대하기	· 날짜 · 시간 · 하루 일과
제 3 과 집	· 처소의 부사격 조사(-에) · -에 있다/없다/놓다	· 물건의 위치 말하기 · 건물의 위치 말하기 · 정보 구하기 · 약속하기 · 방향 지시하기	· 물건·장소의 위치 · 자신이 꿈꾸는 미래의 사무실 · 즐겨 찾는 장소
제 4 과 가 족	· 소유격 조사(-의) · 소유대명사 · 수Ⅲ · 의문대명사Ⅱ	· 소지품 이름 말하기 · 소유 관계 묻고 대답하기 · 가족 관계 말하기 · 나이 묻고 대답하기 · 직업 묻고 대답하기 · 개인 정보 얻기	· 일상 생활 소지품 · 가족 · 나이 · 직업
제 5 과 주 말	· 현재 시제Ⅱ · 부정형Ⅰ · 비격식체(-어/아요)	· 주말에 하는 일 말하기 · 주말 약속하기 · 설문 조사하기 · 일상 생활 말하기 · 비격식적 구어체 익히기	· 주말 · 일상 생활
제 6 과 여 행	· 처소의 부사격 조사(-에서) · 시간의 의존명사(-때) · 과거 시제 · -전에/-후에 · -기 전에/-(으)ㄴ 후에	· 주말에 한 일 말하기 · 개인의 경험 조사하기 · 일의 순서 말하기 · 휴가 경험 말하기 · 옛날 이야기 읽고 이해하기 · 이웃에 대한 정보 얻기 · 의심스러운 사실 확인하기	· 주말에 한 일 · 개인 경험 · 일상 생활 · 휴가 · 거짓말
제 7 과 교 통	· 수단의 부사격 조사(-(으)로) · 보조사(-에서 -까지) · 부정형Ⅱ · 미래 시제 · 아직+부정형	· 교통 수단 이용하는 정보 얻기 · 과거 사실에 대한 개인 정보 얻기 · 미래 계획 기술하기 · 전화로 교통 수단 예약하기 · 휴가 계획 말하기	· 교통 수단 · 주말 경험 · 주말 계획 · 미래 계획 · 여행
제 8 과 쇼 핑 1	· 단위 의존명사Ⅱ · 열거격 조사(-와/과/하고) · 수Ⅳ · 여격 조사(-에게/한테) · 희망의 보조 형용사(-고 싶다) · 높임말	· 수 세기 · 가격 말하기 · 희망 사항 말하기 · 조언 구하기 · 미래 계획 말하기 · 높임말 익히기 · 거절하기 · 물건 사기 · 영화표 사기	· 생일 선물 · 크리스마스 계획 · 쇼핑 · 미래 계획

▶과제 학습 내용	▶쉼터	▶읽기	▶어휘
· 처음 만난 사람과 인사 나누기 · 첫 수업에서 자신을 소개하기 · 다른 사람에게 친구를 소개하기 · 파티에서 서로 인사 나누기	· 한국인의 이름	· 우리 반	· 세계 여러 나라 이름과 언어 · 취미
· 하루 일과 묻고 답하기 · 전화로 초대하기 · 초대장 쓰기 · 우체국에서 초대장 보내기	· 숫자 4	· 김수미의 하루 일과	· 우체국에서…
· 병원에서 병실 찾기 · 약속 시간 · 장소 정하기 · 물건을 어디에 놓을지 위치 말하기	· 한국의 옛날 집	· 내가 꿈꾸는 미래의 우리 집	· 위치를 나타내는 말(위/밑/안/옆…) · 가구 이름 · 방 이름
· 잃어버린 물건 찾아 주기 · 신입 사원에게 정보 주기 · 가족 소개하기	· 가족의 호칭	· 우리 가족	· 직업 · 가족
· 친구와 주말 약속하기 · 설문 조사 보고하기 · 전업 주부와 맞벌이 주부의 일상 생활 말하기	· 주부들의 주말	· 맞벌이 부부	· 일상 생활에서 필요한 다양한 동사
· 이사 온 이웃과 인사 나누기 · 여름 휴가에 대해 말하기 · 남자 친구의 거짓말 확인하기	· 한글과 세종대왕	· 하와이에서…	· 날짜 · 시간 · 여행지에서…
· 여행지의 노선 알아내기 · 전화로 기차표 예약하기 · 휴가 계획 말하기	· 가마	· 대중 교통 수단	· 지하철 역 표지 · 교통 수단
· 가게에서 물건 사기 · 영화관에서 영화표 사기 · 할머니 생신 선물에 대한 조언 구하기 · 생신 선물 사기	· 돌과 회갑	· 할머니의 회갑 잔치	· 통화 단위 · 과일 이름 · 생일 선물 · 친족 · 가게에서… · 영화관에서…

	▶문법 구조 및 표현	▶기능	▶준비 학습 내용
제 9 과 능 력	· 능력 · 가능의 보조 동사 (-(으)ㄹ 수 있다/없다) · 접속부사(그리고, 그렇지만, 그래서) · 보조사(-은/는, -도)	· 개인의 능력이나 재능 말하기 · 이유 말하기 · 거절하기 · 물건의 기능 묻고 대답하기	· 운동 · 악기 · 개인의 재능 · 초대
제 10 과 쇼 핑 2	· 명령문Ⅱ · 서수 · 방향의 부사격 조사(-(으)로) · -(으)면 안 되다	· 일상 생활에서 볼 수 있는 표지 익히기 · 순서 말하기 · 방향 지시하기 · 길찾기 · 금지시키기 · 상품 주문하기 · 정보 얻기	· 교통 표지판 · 의류 세탁 취급 주의표 · 위치 · 순서 · 공중 도덕
제 11 과 전화와 생활	· 확인 의문문(-지요?) · 봉사의 보조동사(-어/아 주다) · 요청문(-어/아 주시겠습니까?) · 어미의 축약형(-요) · 전화 표현 · -을/를 위해서	· 전화로 메모 남기기 · 알고 있는 사실 확인하기 · 정중하게 요청하기 · 간략하게 대답하기 · 도움 요청하기	· 전화 · 관광지 · 개인 정보 · 파티 · 일상 생활 · 도움
제 12 과 옷	· 형용사의 관형형(-(으)ㄴ/는) · 상태 진행의 보조동사(-고 있다)	· 색 이름 말하기 · 개인의 취향 말하기 · 사람의 외모, 물건 묘사하기 · 옷차림 기술하기 · 쇼핑하기	· 좋아하는 색 · 옷차림 · 좋아하는 집 · 사람과 사물 · 미아
제 13 과 날 씨	· 예측의 '-겠'(-겠습니다) · 조건의 연결어미(-(으)면) · 선택의 보조사(-(이)나) · 선택의 연결어미(-거나) · 출처의 부사격 조사(-에서/-에게서)	· 일기 예보 듣고 이해하기 · 주말 계획과 여가 생활 말하기 · 소식의 출처 알아내기 · 날씨에 대한 정보 얻기 · 옷차림 조언하기 · 계획 변경하기	· 계절 · 날씨 · 일기 예보 · 주말 계획 · 여가 · 소식
제 14 과 사회 생활	· 청유 의문문(-(으)ㄹ까요?) · 청유문(-(으)ㅂ시다) · 접속부사(그러니까, 그러면) · 의무의 보조동사(-어/아야 하다) · 부정형Ⅲ(-지 않아도 되다)	· 제안하기 · 선택하기 · 도움 구하기 · 조언하기 · 약속하기	· 휴가 · 특별한 날 · 여행 준비물 · 일상 생활
제 15 과 취 미	· 동사의 명사형(-기) · 동사의 명사형(-는 것) · 의도의 보조동사(-(으)려고 하다/했다)	· 취미 묻고 말하기 · 여가 생활 묻고 말하기 · 계획 말하기 · 개인 정보 얻기	· 취미 · 여가 · 계획 · 꿈

▶과제 학습 내용	▶쉼터	▶읽기	▶어휘
· 소형 녹음기의 기능 묻고 말하기 · 인터뷰 때 개인의 능력 말하기 · 파티에 가지 못한 이유 말하기	· 태권도	· 생일 선물로 받은 전자 수첩	· 운동 · 악기
· 전화로 냉장고 주문하기 · 전화로 길찾기 · 냉장고 설치에 대한 주의 사항 묻고 말하기 · 옷 세탁에 대한 주의 사항 묻고 말하기	· 식사 예절	· 제품 설명서	· 전자 제품 · 교통 표지판
· 선생님께 전화로 연락하기 · 전화로 메모 남기기 · 전화로 집안 일 부탁하기	· 서비스 전화 번호 안내	· 재미있는 전화 번호	· 전화 용어
· 상대방에게 자신의 인상 착의 설명하기 · 백화점에서 마음에 드는 옷 사기 · 유실물 센터에서 잃어버린 가방 찾기	· 백의민족	· 강아지를 찾습니다!	· 색, 모양, 재질, 옷의 종류 · 머리 모양
· 일기 예보에 따른 옷차림 등을 조언하기 · 날씨에 따른 휴가 일정 변경하기 · 한국의 여름 날씨에 대한 정보 얻기	· 옛날의 일기 예보	· 우산 장수와 짚신 장수	· 계절과 날씨
· 영화 구경 제안하기 · 동료의 제안 거절하기 · 휴가 여행 제안하기 · 데이트 신청하기	· 바람맞다	· 아기도 사람?	· 영화 종류
· 취미가 비슷한 친구와 주말 약속하기 · 즐겨 보는 영화에 대해 말하기 · 여가 활동 클럽 선택에 대한 조언하기 · 조언 구하기	· 한국인의 여가 활동	· 귀여운 이구아나?	· 취미

말이 트이는 한국어 I

차 례

세종대왕과 한글

세종대왕 1446년 세종대왕(1397~1450)은 한글을 만들었다.

세종대왕

훈민정음

한글 하늘, 사람, 땅

한글은 자음과 모음이 있다. 모음은 하늘과 땅과 사람의 모양을 본떠서 만들었다.

·	天	하늘(둥근 모양)
ㅣ	人	사람(수직 모양)
ㅡ	地	땅 (수평 모양)

자음은 발음 기관의 모양을 본떠서 만들었다.

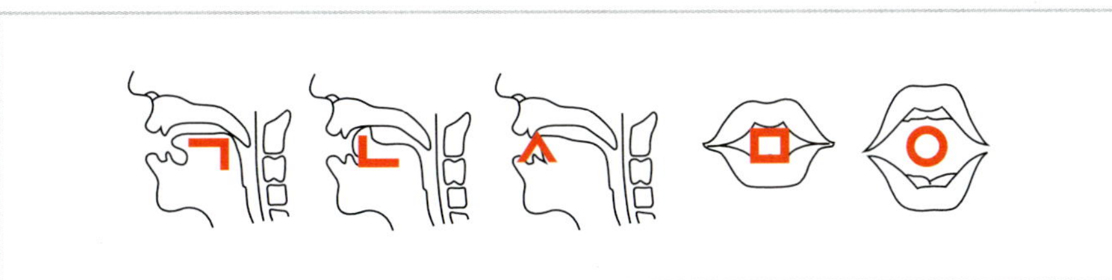

모음과 자음

모음(홀소리) 10자: ㅏ, ㅑ, ㅓ, ㅕ, ㅗ, ㅛ, ㅜ, ㅠ, ㅡ, ㅣ
자음(닿소리) 14자: ㄱ, ㄴ, ㄷ, ㄹ, ㅁ, ㅂ, ㅅ, ㅇ, ㅈ, ㅊ, ㅋ, ㅌ, ㅍ, ㅎ

Table 1. Simple Vowel Characters

Shape	Pronun-ciation	Name	Methods of Writing	
ㅏ	[a]	아	ㅣ	ㅏ
ㅑ	[ya]	야	ㅣ	ㅑ
ㅓ	[ɔ]	어	-	ㅓ
ㅕ	[yɔ]	여	=	ㅕ
ㅗ	[o]	오	ı	ㅗ
ㅛ	[yo]	요	ıı	ㅛ
ㅜ	[u]	우	ㅡ	ㅜ
ㅠ	[yu]	유	ㅡ	ㅠ
ㅡ	[ɨ]	으	ㅡ	
ㅣ	[i]	이	ㅣ	

Table 2. Digraphic and Trigraphic Vowel Characters

Shape	Pronun-ciation	Name	Method of Writing		
ㅐ(ㅏ+ㅣ)	[æ]	애	ㅏ	ㅐ	
ㅒ(ㅑ+ㅣ)	[yæ]	얘	ㅣ	ㅑ	ㅒ
ㅔ(ㅓ+ㅣ)	[ɛ]	에	ㅓ	ㅔ	
ㅖ(ㅕ+ㅣ)	[yɛ]	예	ㅕ	ㅖ	
ㅘ(ㅗ+ㅏ)	[wa]	와	ㅗ	ㅘ	
ㅙ(ㅗ+ㅏ+ㅣ)	[wæ]	왜	ㅗ	ㅘ	ㅙ
ㅚ(ㅗ+ㅣ)	[wɛ]	외	ㅗ	ㅚ	
ㅝ(ㅜ+ㅓ)	[wɔ]	워	ㅜ	ㅝ	
ㅞ(ㅜ+ㅓ+ㅣ)	[wɛ]	웨	ㅜ	ㅝ	ㅞ
ㅟ(ㅜ+ㅣ)	[wi]	위	ㅜ	ㅟ	
ㅢ(ㅡ+ㅣ)	[ɨy]	의	ㅡ	ㅢ	

"ㅚ" and "ㅞ" are the same in pronunciation; the different orthographic forms are the reflections of the meaning differences of particular morphemes.

Table 3. Nineteen Consonant Characters of Hangŭl

Shape	Basic Pronunciation	Phonetic Variants	Name
ㅁ	[m]		미음 [mi-ɨm]
ㅂ	[p]	[b] [p']	비읍 [pi-ɨp]
ㅃ	[p']	[p]	쌍비읍 [s'aŋ-bi-ɨp]
ㅍ	[pʰ]	[p]	피읍 [pʰi-ɨp]
ㄴ	[n]	[ɲ]	니은 [ni-ɨn]
ㄷ	[t]	[d] [t']	디귿 [ti-gɨt]
ㄸ	[t']		쌍디귿 [s'aŋ-di-gɨt]
ㅌ	[tʰ]	[t]	티읕 [tʰi-ɨt]
ㄹ	[l]	[r]	리을 [ri-ɨl]
ㅅ	[s]	[s'] [š] [š']	시옷 [ši-ot]
ㅆ	[s']	[š']	쌍시옷 [s'aŋ-ši-ot]
ㅈ	[č]	[č'] [ǰ] [c]	지읒 [či-ɨc]
ㅉ	[č']		쌍지읒 [s'aŋ-ǰi-ɨc]
ㅊ	[čʰ]	[c]	치읓 [čʰi-ɨc]
ㅇ	[ŋ]		이응 [i-ɨŋ]
ㄱ	[k]	[g] [k'] [ɣ]	기역 [ki-yɔk]
ㄲ	[k']	[k]	쌍기역 [s'aŋ-gi-yɔk]
ㅋ	[kʰ]	[k]	키읔 [kʰi-ɨk]
ㅎ	[h]	[ɦ]	히읗 [hi-ɨt]

A Sketchy Phonetics of Korean

1. Consonant Chart

Table 4. Consonants in Korean (21 consonants, including 2 semi-vowels)

True vs. Resonant	Places / Manners		Bilabial	Alveolar	Alveo-palatal	Velar	Glottal
True Consonants	Plosives	lax	p (ㅂ)	t (ㄷ)		k (ㄱ)	
		tense	p' (ㅃ)	t' (ㄸ)		k' (ㄲ)	
		aspirated	p^h (ㅍ)	t^h (ㅌ)		k^h (ㅋ)	
	Fricatives	lax		s (ㅅ)			h (ㅎ)
		tense		s' (ㅆ)			
	Affricates	lax			č (ㅈ)		
		tense			č' (ㅉ)		
		aspirated			č^h (ㅊ)		
Resonant Consonants	Nasals		m (ㅁ)	n (ㄴ)		ŋ (ㅇ)	
	Lateral			l (ㄹ)			
	Glides		w-		y-, -y		

True consonants in Korean are voiceless as phonemes; resonant consonants are voiced.

2. Vowel Chart

Table 5. Simple Vowels in Korean

Front Vowels		Back Vowels	
i (이)	ü (쥐)	ɨ (으)	u (우)
ɛ (에)	ö (죄)	ə (어)	o (오)
æ (애)	œ (괘)	a (아)	ɔ (어)
spread	rounded	spread	rounded

The "어" has two vowel qualities of [ə] and [ɔ] which seem to contrast with each other in the words of "없다" [əpta] ('do not have') versus "업다" [ɔpta] ('carry on the back'). The 3 front rounded vowels of [ü ö œ] are the realizations of 3 diphthongs of [wi wɛ wæ], respectively, when each of the diphthongs is preceded by a consonant.

3. Diphthongs (A total of 16 diphthongs: 15 rising diphthongs and 1 falling diphthong)

a. /y-/ (8 rising diphthongs)

/yɛ/ (예), /yæ/ (얘), /yɨ/, /yə/, /ya/ (야), /yu/ (유), /yo/ (요), /yɔ/ (여)

b. /w-/ (7 rising diphthongs)

/wi/ (위), /wɛ/ (웨), /wæ/ (왜), /wɨ/, /wə/, /wa/ (와), /wɔ/(워)

c. /-y/ (1 falling diphthong)

/ɨy/ (의)

The 4 diphthongs of /yɨ/, /yə/, /wɨ/, and /wə/ do not have orthographic representations in Hangŭl. However, they are natural diphthongs in Korean, which are often used in everyday Korean.

4. Monophthongization of Diphthongs

We have 16 diphthongs in all in Korean: "예" ([yɛ]), "야" ([ya]), "와" ([wa]), "위" ([wi]), "의" ([ɨy]), etc. Among these, the three diphthongs which are formed with a w-glide (semi-vowel) followed by one of the front vowels ([i, ɛ, æ]) become rounded monophthongs when preceded by an onset consonant as shown below:

a. Diphthongs: 위 ([wi]), 외 ([wɛ]), and 왜 ([wæ])

b. Monophthongized

(1) [wi] → [ü]: 쉬 [swi] → [sü] (→ [šü]), 쥐 [čwi] → [čü], 취 [$\check{c}^h$wi] → [$\check{c}^h$ü],
귀 [kwi] → [kü]
(2) [wɛ] → [ö]: 쇠 [swɛ] → [sö], 죄 [čwɛ] → [čö], 최 [$\check{c}^h$wɛ] → [$\check{c}^h$ö],
괴 [kwɛ] → [kö]
(3) [wæ] → [œ]: 쇄 [swæ] → [sœ], 쾌 [kwæ] → [kœ],
쾌들다 [čwæ-tɨl-ta] → [čœ-tɨl-ta] ([čœ-dɨl-da])

Another aspect of Korean as for the monophthongization of diphthongs is concerned with the diphthong "의" ([ɨy]). This diphthong is unique in that it is the only falling diphthong as against the 15 other diphthongs which are rising diphthongs. Thus, its phonetic quality is very unstable. That is, it tends to lose its diphthong quality and becomes a simple, monothong vowel as follows:

(1) "의" [ɨy] → "이" [i]: 장의사 [čaŋ-ɨy-sa] → 장이사 [čaŋ-i-sa] (in the word-medial position)

(2) "의" [ɨy] → "으" [ɨ]: 의자 [ɨy-ča] → 으자 [ɨ-ča] ([ɨ-ǰa]) (in the word-initial position)

(3) "의" [ɨy] → "에" [ɛ]: 형의 [hyɔŋ-ɨy] → 형에 [hyɔŋ-ɛ] ([hyɔ-ŋɛ]) (when [ɨy] is used as a suffix of possession)

연습 1

모자

나무

우유

어머니

아버지

기차

연습 2

(1)	ㅏ:	다리	마루	바지	아이	바다
(2)	ㅓ:	버스	허수아비	머리	허리	저고리
(3)	ㅗ:	소리	도시	도토리	포도	오리
(4)	ㅜ:	구두	두부	누나	아우	투수
(5)	ㅡ:	스키	며느리	그네	쓰레기	크리스마스
(6)	ㅣ:	비	비누	치마	나이	비서
(7)	ㅑ:	야구	야자	주야		
(8)	ㅕ:	벼	여자	소녀	여우	혀
(9)	ㅛ:	요리	우표	교수	교회	효도
(10)	ㅠ:	우유	유리	휴지	뉴스	규수
(11)	ㅐ:	배	개	개미	무지개	매미
(12)	ㅔ:	제비	가게	제주도	메뚜기	
(13)	ㅒ:	얘기	얘			
(14)	ㅖ:	시계	세계	예의		
(15)	ㅘ:	사과	과자	이화		
(16)	ㅙ:	왜	돼지	괘도		
(17)	ㅚ:	회사	교회	외가	뇌	되짜
(18)	ㅝ:	더워요	추워요			
(19)	ㅞ:	웨이터	궤도			
(20)	ㅟ:	뒤	귀	쥐	가위	위
(21)	ㅢ:	의사	의자	회의	내의	의미

연습 3

(1)	ㄱ:	가위	구두	기차	과자	귀
(2)	ㄴ:	나무	나비	너	무늬	
(3)	ㄷ:	다리미	돼지	지도	수도	
(4)	ㄹ:	라디오	유리	도로	고려	
(5)	ㅁ:	마녀	거미	모나리자	미소	
(6)	ㅂ:	베개	비누	보리	우비	바구니
(7)	ㅅ:	사	새	수저	쇠	나사
(8)	ㅇ:	아기	우리	아가씨	아저씨	야구
(9)	ㅈ:	자	주사	쥐	지우개	지도
(10)	ㅊ:	차	고추	추위	추수	취미
(11)	ㅋ:	커피	코끼리	조카	코스모스	
(12)	ㅌ:	타조	토끼	토마토	사투리	코트
(13)	ㅍ:	파도	포크	모포	피서	피아노
(14)	ㅎ:	하마	휴지	해	지하	호수
(15)	ㄲ:	까치	까마귀	꼬리		
(16)	ㄸ:	따오기	귀뚜라미	따귀		
(17)	ㅃ:	뿌리	뻐꾸기	뽀뽀	아빠	
(18)	ㅆ:	쓰레기	싸다	이쑤시개		
(19)	ㅉ:	찌다	짜다	가짜	퇴짜	

음절

한국어의 자음자나 모음자는 혼자 쓰이지 않는다. 음절 초성에 자음이 없을 때는 'ㅇ' 자를 쓰며 이때의 'ㅇ'은 자음 소리가 없음을 뜻한다. 반면, 음절 종성 자리의 'ㅇ'은 [ŋ]으로 발음한다.

· ㅇ + ㅏ → **아**	· ㅂ + ㅏ + ㅇ → **방**
· ㄱ + ㅓ → **거**	· ㅁ + ㅜ + ㄴ → **문**
· ㄴ + ㅗ → **노**	· ㄱ + ㅏ + ㅄ → **값**

받침

음절 구성에서 모음 다음에 마지막 소리로 쓰이는 자음을 받침이라고 한다. 한국어의 받침은 7개의 소리만이 나타난다.

Seven Coda Consonants (Neut'lized)	Consonants before Neu-tralization	Examples
ㅂ [p]	ㅂ [p]	밥 [pap], 수업 [su-ɔp]
		밥상 [pap-saŋ] → 밥쌍 [pap-s'aŋ], 입술 [ip-sul] → 입쑬 [ip-s'ul]
		밥으로 [pap-ɨ-lo] → 바브로 [pa-pɨ-lo] ([pa-bɨ-ro]), 수업에 [su-ɔp-ɛ] → 수어베 [su-ɔ-pɛ] ([su-ɔ-bɛ])
	ㅍ [p^h]	숲 [sup^h] → 숩 [sup], 앞 [ap^h] → 압 [ap]
		숲길 [sup^h-kil] → [sup-kil] ([sup-k'il]), 앞집 [ap^h-čip] → 압집 [ap-čip] (압찝 [ap-č'ip])
		숲으로 [sup^h-ɨ-lo] → 수프로 [su-p^{h}ɨ-lo] ([su-p^{h}ɨ-ro]), 앞에 [ap^h-ɛ] → 아페 [a-p^{h}ɛ]
ㄷ [t]/[c]	ㄷ [t]	곧 [kot], 낟 [nat]
		숟가락 [sut-ka-lak] (숟까락 [sut-k'a-rak]), 곧다 [kot-ta] (곧따 [kot-t'a])
		낟알 [nat-al] → 나달 [na-tal] ([na-dal]), 곧은 (뿌리) [kot-ɨn] → 고든 [ko-tɨn] ([ko-dɨn])
	ㅌ [t^h]	끝 [k'ɨt^h] → 끋 [k'ɨt], 보리밭 [po-li-pat^h] → 보리받 [po-li-pat] ([po-ri-bat])
		끝장 [k'ɨt^h-čaŋ] → 끋장 [k'ɨt-čaŋ] (끋짱 [k'ɨt-č'aŋ]) 밭둑 [pat^h-tuk] → 받둑 [pat-tuk] (받뚝 [pat-t'uk])
		밭에 [pat^h-ɛ] → 바테 [pa-t^{h}ɛ], 끝으로 [k'ɨt^h-ɨ-lo] → 끄트로 [k'ɨ-t^{h}ɨ-lo] ([k'ɨ-t^{h}ɨ-ro])
	ㅅ [s]	옷 [os] → 옫 [ot], 빗 [pis] → 빋 [pit], 다섯 [ta-sɔs] → 다섣 [ta-sɔt]
		옷장 [os-čaŋ] → 옫장 [ot-čaŋ] (옫짱 [ot-č'aŋ]), 빗살 [pis-sal] → 빋살 [pit-sal] (빋쌀 [pit-s'al])
		옷을 [os-ɨl] → 오슬 [o-sɨl], 빗으로 [pis-ɨ-lo] → 비스로 [pi-sɨ-lo] ([pi-sɨ-ro])
	ㅆ [s']	있- [is'-] → 잇 [is-] → 읻 [it-], 었- [ɔs'-] → 엇 [ɔs-] → 얻 [ɔt-]
		있다 [is'-ta] → 잇다 [is-ta] → 읻다 [it-ta] (읻따 [it-t'a]), 하였다 [ha-yɔs'-ta] → 하엿다 [ha-yɔs-ta] → 하엳다 [ha-yɔt-ta] ([ha-yɔt-t'a])
		있음 [is'-ɨm] → 이씀 [i-s'ɨm], 하였음 [ha-yɔs'-ɨm] → 하여씀 [ha-yɔ-s'ɨm]
	ㅈ [č]	낮 [nač] → 낟 [nac], 빚 [pič] → 빋 [pic]
		낮잠 [nač-čam] → 낟잠 [nac-čam] ([nac-č'am]), 빚쟁이 [pič-čæŋ-i] → 빋쟁이 [pic-čæ-ŋi] ([pic-č'æ-ŋi])
		낮에 [nač-ɛ] → 나제 [na-čɛ] ([na-ǰɛ]), 빚으로 [pič-ɨ-lo] → 비즈로 [pi-čɨ-lo] ([pi-ǰɨ-ro])
	ㅊ [č^h]	꽃 [k'oč^h] → 꼳 [k'oc], 낯 [nač^h] → 낟 [nac]
		꽃차 [k'oč^h-č^{h}a] → 꼳차 [k'oc-č^{h}a], 낯가림 [nač^h-ka-lim] → 낟가림 [nac-ka-lim] (낟까림 [nac-k'a-rim])
		꽃으로 [k'oč^h-ɨ-lo] → 꼬츠로 [k'o-č^{h}ɨ-lo] ([k'o-č^{h}ɨ-ro]), 낯이 (붉다) [nač^h-i] → 나치 [na-č^{h}i]
	ㅎ [h]	히읗 [hi-ɨh] → 히읃 [hi-ɨt]
		낳다 [nah-ta] → 낟타 [nat-t^{h}a], 쌓고 [s'ah-ko] → 싿코 [s'at-k^{h}o]/싹코[s'ak-k^{h}o]
		낳으니 [nah-ɨ-ni] → [na-ɦɨ-ni], 쌓아서 [s'ah-a-sɔ] → [s'a-ɦa-sɔ]

ㄱ [k]	ㄱ [k]	목 [mok], 책 [č^{h}æk]
		식사 [sik-sa] (식싸 [šik-s'a]), 책상 [č^{h}æk-saŋ] (책쌍 [č^{h}æk-s'aŋ])
		목욕 [mok-yok] → 모굑 [mo-kyok] ([mo-gyok]), 책임 [č^{h}æk-im] → 채김 [č^{h}æ-kim] ([č^{h}æ-gim]
	ㄲ [k']	밖 [pak'] → 박 [pak], 묶- [muk'-] → 묵- [muk-], 닦- [tak'-] → 닥- [tak-]
		묶다 [muk'-ta] → 묵다 [muk-ta] ([muk-t'a]), 낚시 [nak'-si] → 낙시 [nak-si] (낙씨 [nak-š'i])
		묶어라 [muk'-ɔ-la] → 무꺼라 [mu-k'ɔ-la] ([mu-k'ɔ-ra]), 밖에서 [pak'-ɛ-sɔ] → 바께서[pa-k'ɛ-sɔ]
	ㅋ [k^h]	부엌 [pu-ɔk^h] → 부억 [pu-ɔk], 북녘 [puk-nyɔk^h] → 북녁[puk-nyɔk] (붕녁 [puŋ-ɲyɔk])
		부엌칼 [pu-ɔk^h-k^{h}al] → 부억칼 [pu-ɔk-k^{h}al], 북녘땅 [puk-nyɔk^h-t'aŋ] → 북녁땅 [puk-nyɔk-t'aŋ] (붕녁땅 [puŋ-ɲyɔk-t'aŋ])
		부엌에서 [pu-ɔk^h-ɛ-sɔ] → 부어케서 [pu-ɔ-k^{h}ɛ-sɔ], 북녘으로 [puk-nyɔk^h-ɨ-lo] → 북녀크로 [puk-nyɔ-k^{h}ɨ-lo]([puk-ɲyɔ-k^{h}ɨ-ro])
ㅁ [m]	ㅁ [m]	밤 [pam], 솜 [som], 담배 [tam-pæ] ([tam-bæ])
ㄴ [n]	ㄴ [n]	산 [san], 눈 [nun], 언니 [ɔn-ni] ([ɔɲ-ɲi])
ㅇ [ŋ]	ㅇ [ŋ]	강 [kaŋ], 뽕 [p'oŋ], 강아지 [kaŋ-a-či] ([ka-ŋa-ǰi])
ㄹ [l]	ㄹ [l]	달 [tal], 가을 [ka-ɨl], 딸기 [t'al-ki] ([t'al-gi]), 물레 [mul-lɛ]

The first row in the columns of "Examples" for each consonant character shows the pronunciation of the word in isolation; the second row, the pronunciation of the word when followed by a consonant-initial syllable; the third row, the pronunciation of the word when followed by a vowel-initial syllable. "-" is a syllable boundary.

연습 4

(1) ㄱ: 목, 한국, 부엌, 낚시, 밖
(2) ㄴ: 산, 눈, 돈, 언니, 편지
(3) ㄷ: 숟가락, 돋보기, 옷, 다섯, 젓가락, 낮, 빚, 꽃, 끝, 밑, 바깥, 히읗
(4) ㄹ: 가을, 딸기, 얼굴, 굴, 발가락, 술고래, 풀
(5) ㅁ: 인삼, 봄, 담배, 마음, 음악, 몸, 부모님
(6) ㅂ: 입, 밥, 아홉, 엽서, 합창, 잎, 숲, 옆
(7) ㅇ: 강, 공, 형, 강아지, 엉덩이, 숭늉, 빵

사전 순서

자음

ㄱ, ㄲ, ㄴ, ㄷ, ㄸ, ㄹ, ㅁ, ㅂ, ㅃ, ㅅ, ㅆ, ㅇ, ㅈ, ㅉ, ㅊ, ㅋ, ㅌ, ㅍ, ㅎ

모음

ㅏ, ㅐ, ㅑ, ㅒ, ㅓ, ㅔ, ㅕ, ㅖ, ㅗ, ㅘ, ㅙ, ㅚ, ㅛ, ㅜ, ㅝ, ㅞ, ㅟ, ㅠ, ㅡ, ㅢ, ㅣ

제 1 과

소 개

준비합시다 ACTIVITIES

수

1. 수를 읽을 수 있습니까? 한국말은 두 가지 방법으로 수를 읽습니다. 다음을 읽어 보십시오.

1	2	3	4	5
6	7	8	9	10

일	이	삼	사	오
육	칠	팔	구	십

하나	둘	셋	넷	다섯
여섯	일곱	여덟	아홉	열

수

2. 여러분은 친구나 동료의 전화 번호나 삐삐 번호를 알고 있습니까? 다음은 자주 쓰는 번호입니다. 읽어 보십시오.

전화 번호

- 756-2490 칠오육에 이사구공
- 343-8245 삼사삼에 팔이사오

삐삐 번호

- 012-257-8576 공일이에 이오칠에 팔오칠육
- 015-352-9294 공일오에 삼오이에 구이구사

자동차 번호

- 서울 3 나 3729 서울 삼 나 삼칠이구
- 경기 5 다 5378 경기 오 다 오삼칠팔

-개, -명, -장

3. 여러분 반에는 일본 사람이 몇 명 있습니까? 이집트 사람도 있습니까? 학생이 모두 몇 명 있습니까? 다음 그림을 보고 수를 세어 보십시오.

한 개, 두 개, 세 개, 네 개

한 명, 두 명, 세 명, 네 명, 다섯 명

한 장, 두 장, 세 장, 네 장, 다섯 장, 여섯 장, 일곱 장

무엇, 어디, 어느…

4. 오늘은 수업 첫 시간입니다. 자신을 소개하고 알고 싶은 것을 물어 보십시오. 다음은 알고 싶은 것을 표로 만들어 인터뷰한 내용입니다.

이름	나라	전화 번호	직업	사는 곳
제니퍼 윌슨	미국	352-6074	학생	신촌
다나카 신지	일본	797-9582	회사원	동부 이촌동
다니엘 배렝	프랑스	(032)542-1028	대사관 직원	인천 부평동
엔리코 보세티	이탈리아	3431-2705	교수	잠실

연습 Practice

위의 표를 보고 질문과 대답을 해 보십시오. '언제, 무엇, 어디, 어느, 무슨' 등을 사용해서 말해 보십시오.

- 이름이 **무엇**입니까? 제니퍼 윌슨입니다.
- ______________? 미국에서 왔습니다.
- ______________? 한국대학교에 다닙니다.

5. 교실에서 교사가 자주 사용하는 말은 무엇일까요? 교실에서 자주 사용하는 말을 배웁시다.

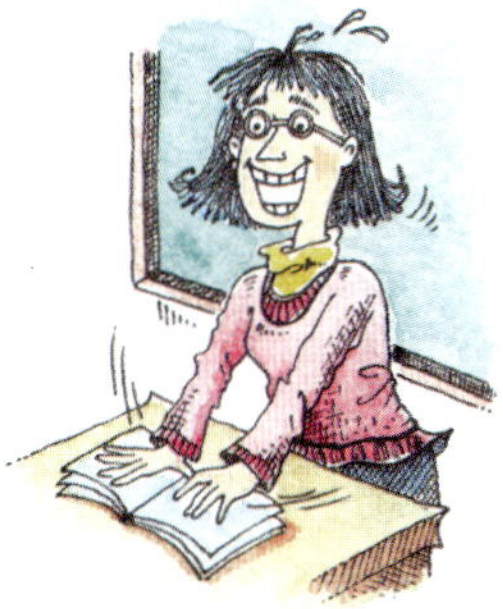

책을 펴세요.

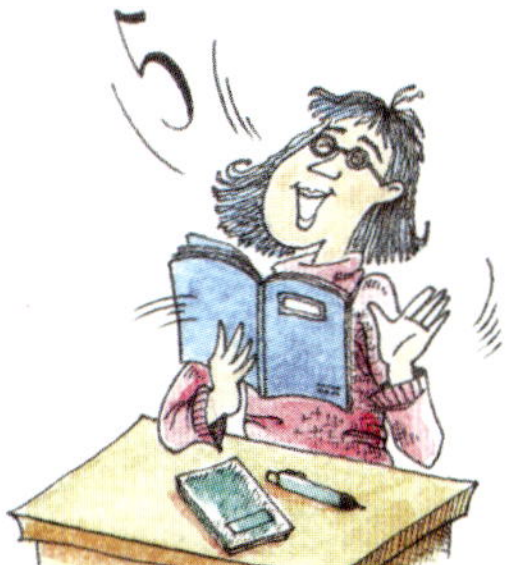

5쪽을 보세요.

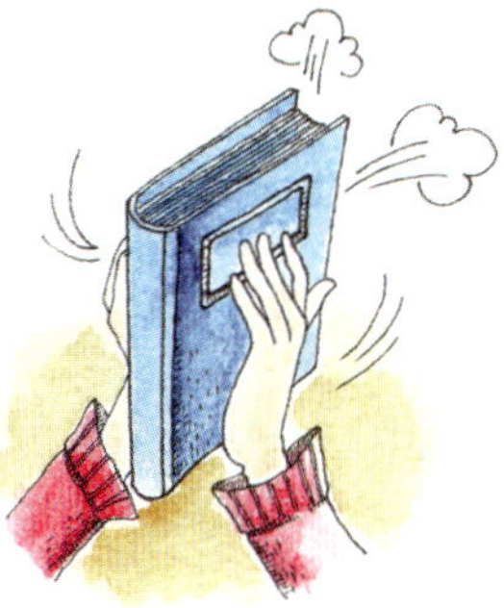

책을 덮으세요.

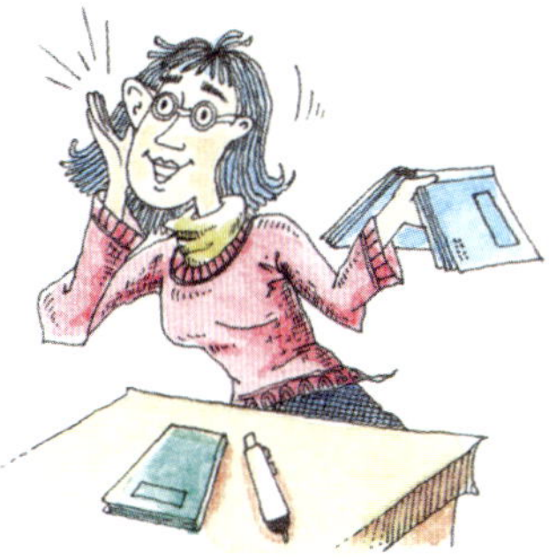

잘 들으세요.

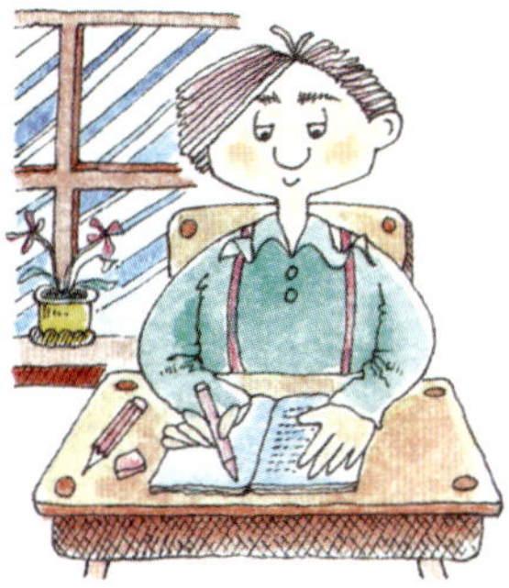

공책에 쓰세요.

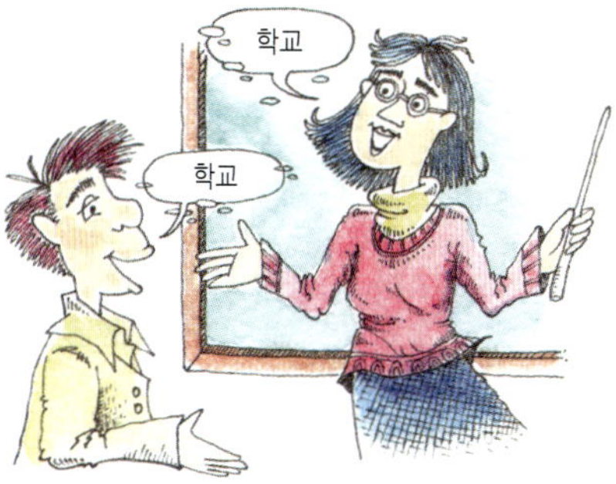

학교

학교

선생님을 따라 읽으세요.

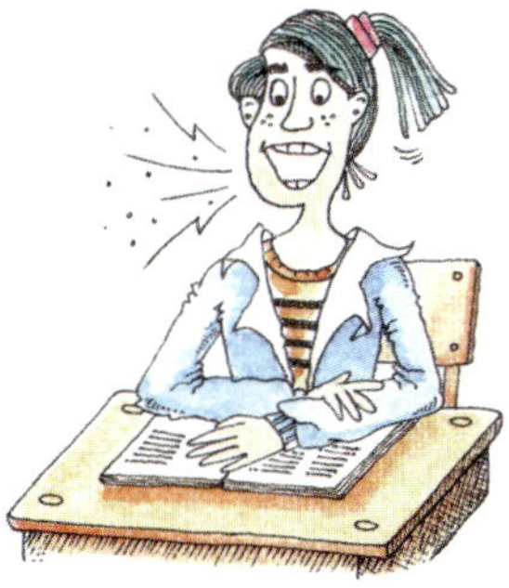

크게 말하세요.

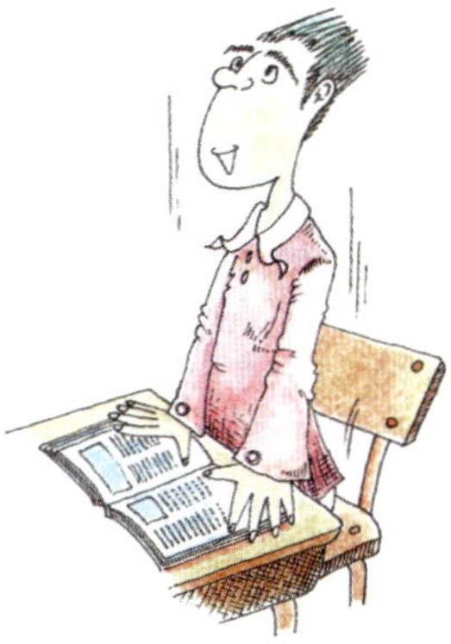

일어서세요.

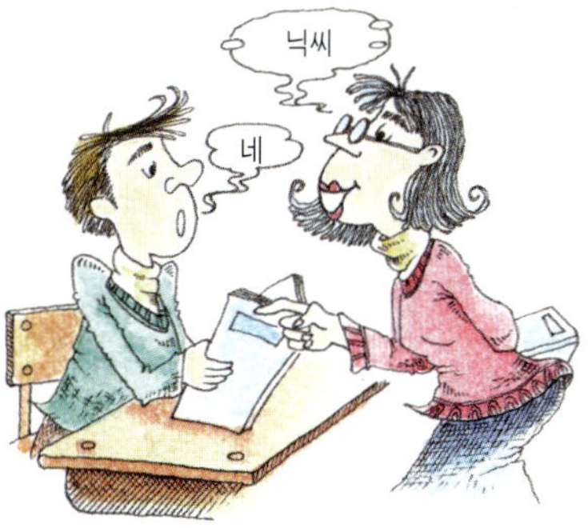

닉씨

네

대답하세요.

한국 사람 이름은 보통 세 글자입니다. 이름을 쓸 때 성(姓)을 먼저 쓰고 그 다음에 이름을 씁니다. 한국 사람은 이름을 부를 때 이름 뒤에 '씨' 라는 말을 씁니다. 예를 들면 '김지영 씨' 또는 '지영씨' 라고 부릅니다.

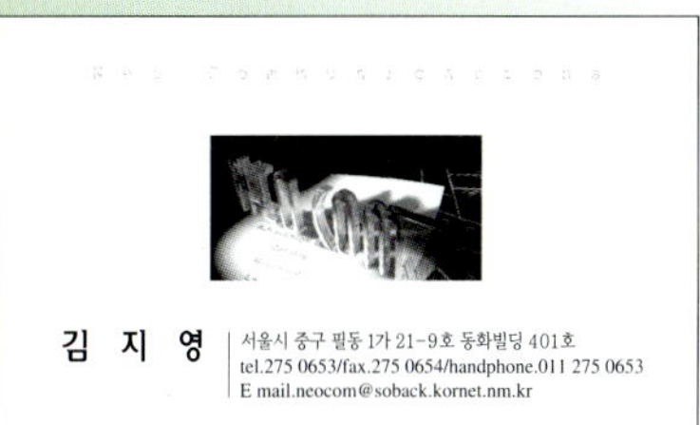

해 봅시다 TASKS

1. 오늘 처음 만났습니다. 서로 인사해 보십시오.

김민호: 안녕하십니까? 저는 김민호입니다.
다나카 신지: 안녕하십니까?
저는 다나카 신지입니다. 만나서 반갑습니다.

▶ 단어와 표현

저는 ______________ 입니다.
제 이름은 __________ 입니다.

▶ 아는 사람을 만났을 때, 헤어질 때 어떻게 말합니까?

2. 교실에서 친구들에게 자기 소개를 해 보십시오.

안녕하십니까? 저는 마이클 로렌스입니다. 미국에서 왔습니다. 컴퓨터 회사에 다닙니다. 신촌에서 삽니다. 여행하기와 수영하기를 좋아합니다. 제 취미는 그림 그리기입니다. 여러분을 만나게 돼서 반갑습니다.

▶ 단어와 표현

회사
–에 다니다
–에서 살다

▶ 취미가 무엇입니까?

여행하기

수영하기

영화 보기

책읽기

그림 그리기

사진 찍기

3. 여러분은 지금 친구와 같이 있습니다. 그런데 선생님을 만났습니다. 선생님께 여러분의 친구를 소개해 보십시오.

마이클: 안녕하십니까?
선생님: 안녕하세요? 마이클씨!
마이클: 선생님, 제 친구입니다.
리처드씨, 우리 한국어
선생님입니다.
리처드: 안녕하십니까?
저는 리처드 맥입니다.
선생님: 안녕하십니까? 리처드씨!
만나서 반갑습니다.

▶ **단어와 표현**

우리 | 한국어 | 선생님

4. 김민호는 파티에서 엔리코 보세티를 처음 만났습니다. 서로에게 자신을 소개해 보십시오.

엔리코 보세티: 안녕하십니까? 저는 엔리코 보세티입니다.
김민호: 안녕하십니까? 저는 김민호입니다. 엔리코씨, 멕시코 사람입니까?
엔리코 보세티: 아니오. 이탈리아 사람입니다. 민호씨, 무슨 일을 합니까?
김민호: 대사관에 다닙니다. 만나서 반갑습니다.

▶ **어디에 다닙니까?**

학교에 다닙니다.
회사에 다닙니다.
대사관에 다닙니다.

읽기 READING

우리 반

우리 선생님 성함은 김한나입니다. 김 선생님은 친절하고 재미있는 분이십니다. 우리 반에는 일본 사람이 세 명, 중국 사람이 한 명, 미국 사람이 두 명, 프랑스 사람이 한 명, 호주 사람이 네 명 있습니다. 요코는 일본 사람입니다. 한국말을 잘합니다. 삐징은 중국에서 왔습니다. 한국말을 배우러 한국에 왔습니다. 삐징은 학생입니다. 마이클은 미국에서 왔습니다. 컴퓨터 회사에 다닙니다. 신촌에서 삽니다. 미셸은 프랑스 사람입니다. 일 때문에 한국에 왔습니다. 크리스는 호주 사람입니다. 영어 선생님입니다. 크리스는 재미있는 말을 많이 합니다. 그래서 우리 반 학생들은 크리스를 좋아합니다.

▶ 단어와 표현

성함 | 친절하다 | 재미있는 사람(분) | 우리 반 | 있다 | 잘하다 | 배우다 | 일 때문에
그래서 | 좋아하다

▶ 내용 이해

1. 우리 반에는 학생이 몇 명 있습니까?
2. 미셸은 어디에서 왔습니까?
3. 크리스는 무슨 일을 합니까?

1. 열한 명 있습니다.
2. 프랑스에서 왔습니다.
3. 영어 선생님입니다.

어느 나라에서 왔습니까?

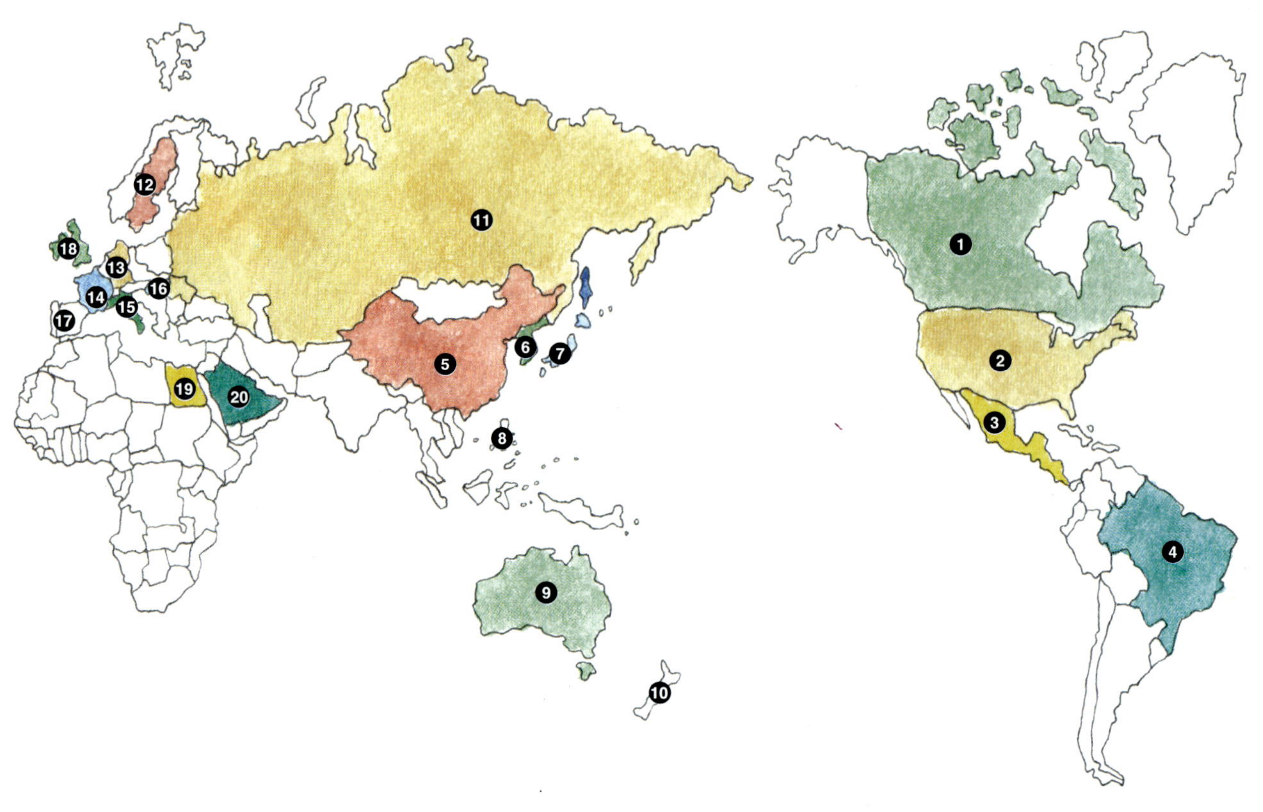

나라	사람	언어
1 캐나다	캐나다 사람	영어
2 미국	미국 사람	영어
3 멕시코	멕시코 사람	스페인어
4 브라질	브라질 사람	포르투갈어
5 중국	중국 사람	중국어
6 한국	한국 사람	한국어
7 일본	일본 사람	일본어
8 필리핀	필리핀 사람	타칼로그어
9 호주	호주 사람	영어
10 뉴질랜드	뉴질랜드 사람	영어
11 러시아	러시아 사람	러시아어
12 스웨덴	스웨덴 사람	스웨덴어
13 독일	독일 사람	독일어
14 프랑스	프랑스 사람	프랑스어/불어
15 이탈리아	이탈리아 사람	이탈리아어
16 헝가리	헝가리 사람	헝가리어
17 스페인	스페인 사람	스페인어
18 영국	영국 사람	영어
19 이집트	이집트 사람	아랍어
20 사우디아라비아	사우디아라비아 사람	아랍어

하루 일과

준비합시다 ACTIVITIES

날짜

1. 여러분은 언제 달력을 봅니까? 달력에 특별한 날을 표시해 둡니까? 다음 달력을 보고 날짜를 읽어 보십시오.

- 1998년 5월 4일　천 구백 구십 팔년 오월 사일
- 1999년 10월 25일　천 구백 구십 구년 시월 이십 오일
- 2005년 7월 30일　이천 오년 칠월 삼십일

MAY 5

SUN	MON	TUE	WED	THU	FRI	SAT
					1	2
3	4	5	6	7	8	9
10	11	12	13	14	15	16
17	18	19	20	21	22	23
24	25	26	27	28	29	30
31						

5월

일요일	월요일	화요일	수요일	목요일	금요일	토요일
					1	2
3	4	5	6	7	8	9

10(십/열)	11(십일/열하나)	12(십이/열둘)	13(십삼/열셋)
14(십사/열넷)	15(십오/열다섯)	16(십육/열여섯)	17(십칠/열일곱)
18(십팔/열여덟)	19(십구/열아홉)	20(이십/스물)	30(삼십/서른)
40(사십/마흔)	50(오십/쉰)	60(육십/예순)	70(칠십/일흔)
80(팔십/여든)	90(구십/아흔)		
100(백)	1000(천)	10000(만)	

연습 Practice

오늘이 며칠인지 날짜를 묻고 대답해 보십시오.

A: 오늘이 며칠입니까?
B: 6월 20일입니다.
A: 오늘이 무슨 요일입니까?
B: 수요일입니다.

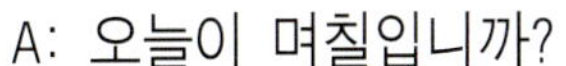

시간

2. 시계를 보고 몇 시인지 읽어 보십시오.

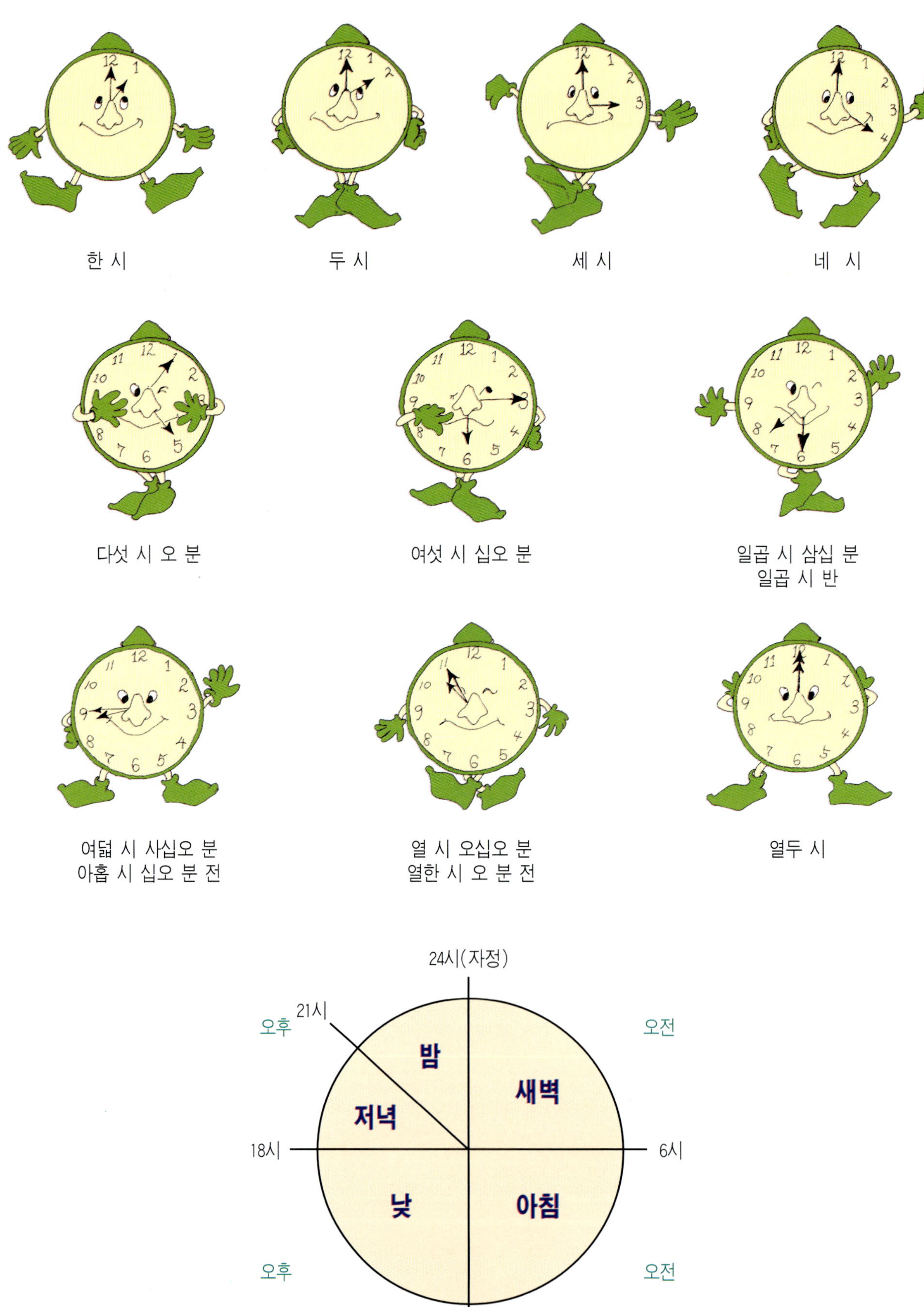

-(스)ㅂ니다

3. 여러분의 하루 일과는 어떻습니까? 친구의 하루 일과는 어떻습니까? 매일 몇 시에 무엇을 하는지 말해 보십시오.

오전

7시에 일어납니다.

7시 40분에 아침 식사를 합니다.

8시에 회사에 갑니다.

오후

12시부터 1시까지 점심 식사를 합니다.

1시에 다시 일을 시작합니다.

6시에 퇴근합니다.

7시 30분에 저녁 식사를 합니다.

8시부터 9시까지 책을 읽습니다.

9시부터 10시까지 텔레비전을 봅니다.

10시부터 12시까지 공부합니다.

12시에 잡니다.

한국인은 숫자 4를 싫어합니다. 죽음을 뜻하는 사(死)와 똑같이 읽기 때문입니다. 그래서 한국의 건물에는 4층 대신에 F라고 쓰기도 합니다. 그리고 엘리베이터에도 숫자 4 대신에 F라고 씁니다.

여러분 나라에도 특별히 싫어하는 숫자가 있습니까? 좋아하는 숫자는 무엇입니까?

해 봅시다 TASKS

1. 마이클 윌리엄은 오늘 여자 친구 이수진을 소개받았습니다. 무슨 일을 하는지, 언제 출·퇴근하는지 하루 일과를 물어 보십시오.

마이클: 처음 뵙겠습니다. 저는 마이클 윌리엄입니다.
수진: 안녕하세요? 저는 이수진입니다.
마이클: 수진씨는 무슨 일을 합니까?
수진: 저는 대사관에 다닙니다. 마이클씨는 무슨 일을 합니까?
마이클: 저는 컴퓨터 회사에 다닙니다. 요즘 조금 바쁩니다. 수진씨, 금요일에는 몇 시까지 일합니까?
수진: 금요일에는 오전 근무만 합니다. 보통 12시까지 일합니다. 마이클씨는요?
마이클: 저도 금요일에는 오전 근무만 합니다. 그러면 수진씨도 금요일 저녁에는 보통 시간이 있군요.
수진: 네. 그래서 금요일은 기분이 좋습니다.

▶ **단어와 표현**

소개받다 | 일을 하다 | 요즘 | 조금 | 바쁘다 | 출근하다 | 퇴근하다 | 오전 근무
시간이 있다 | 시간이 없다 | 기분이 좋다

2. 한국인 친구에게 전화해서 저녁 식사에 초대하십시오.

마이클: 여보세요?
민호: 여보세요?
마이클: 김민호 씨 계십니까? 저는 마이클입니다.
민호: 안녕하십니까? 마이클씨!
마이클: 안녕하십니까?
민호씨를 저녁 식사에 초대하고 싶습니다.
민호: 언제입니까?
마이클: 5월 26일 금요일 저녁 6시입니다.
민호: 네, 좋습니다.

▶ **단어와 표현**

저녁 식사 | 초대하다 | 친한 친구

▶ **전화 용어**

_____________씨 계십니까?

_____________씨 있습니까?

준호 있어요?

3. 정중하게 초대해야 할 사람에게는 초대장을 보냅니다.

초대장 쓰기

이수진 씨께

안녕하십니까?

____

____

저희 집에 초대하고 싶습니다.

장소: 서울특별시 서대문구 대현동 이화아파트 1동 203호

날짜: 10월 18일 금요일

시간: 오후 6시

10월 10일

마이클 윌리엄 올림

봉투 쓰기

서울특별시 서대문구 대현동 이화아파트 1동 203호

마이클 윌리엄 올림

120-750

서울특별시 송파구 잠실동 126 장미아파트 5동 307호

이 수 진 귀하

138-796

4. 우체국에서 초대장을 보내기 위해 우표를 사십시오. 그리고 공중 전화 카드도 사십시오.

우체국 직원: 어서 오십시오.
마이클: 우표 여섯 장 주십시오. 얼마입니까?
우체국 직원: 1,200원입니다.
마이클: 공중 전화 카드도 한 장 주십시오.
우체국 직원: 3,000원짜리, 5,000원짜리, 10,000원짜리가 있습니다.
마이클: 5,000원짜리로 한 장 주십시오.
우체국 직원: 여기 있습니다.
마이클: 고맙습니다.

▶ 단어와 표현

우체국	초대장
보내다	공중 전화 카드
사다	주다

▶ 물건을 살 때 쓰는 용어

얼마입니까?	어서 오십시오.	여기 있습니다.
얼마예요?	어서 오세요.	여기 있어요.
얼마죠?	어서 와.	여기 있어.

읽기 READING

김수미의 하루 일과

나는 보통 아침 7시에 일어납니다. 7시 10분에 샤워합니다. 그리고 7시 40분에 옷을 입습니다. 7시 45분에 아침 식사를 합니다. 아침 식사는 보통 빵을 먹습니다. 8시에 학교에 갑니다. 학교에서 한국어를 배웁니다. 12시에 친구들과 같이 점심 식사를 합니다. 보통 비빔밥이나 피자를 먹습니다. 식사 후에 커피를 마시거나 홍차를 마십니다. 낮에는 학교 도서관에서 책을 읽거나 공부를 합니다. 보통 5시에 집에 갑니다. 저녁 식사 후에 내 방에서 숙제를 합니다. 9시부터 10시까지 텔레비전을 봅니다. 보통 밤 11시에 잡니다.

▶ 단어와 표현

샤워하다 | 옷을 입다 | 빵 | 먹다 | 학교 | 배우다 | –와/과 같이 | 비빔밥 | 피자
–(이)나 | 후에 | 커피 | 홍차 | 마시다 | 낮 | 도서관 | –거나 | 방 | 숙제를 하다

▶ 내용 이해

1. 김수미는 몇 시에 일어납니까?
2. 7시 45분에 옷을 입습니까?
3. 언제 숙제를 합니까?

1. 7시에 일어납니다.
2. 아니오. 아침 식사를 합니다.
3. 저녁 식사 후에 숙제를 합니다.

제 3 과

집

준비합시다 ACTIVITIES

위, 안, 밑…

1. 물건이 어디에 있는지 물어 보거나 설명해 주어야 할 때가 있습니다. 아래 그림을 보고 물건의 위치를 말해 보십시오.

연습 Practice

그림을 보고 필요한 물건이 어디에 있는지 말해 보십시오.

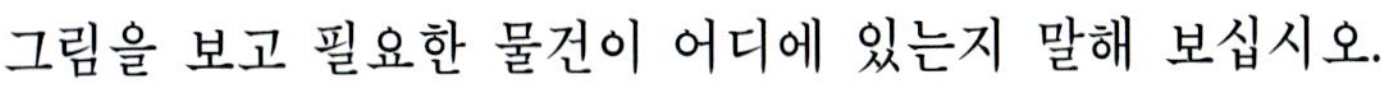

안 위 밑(아래) 옆 뒤 앞

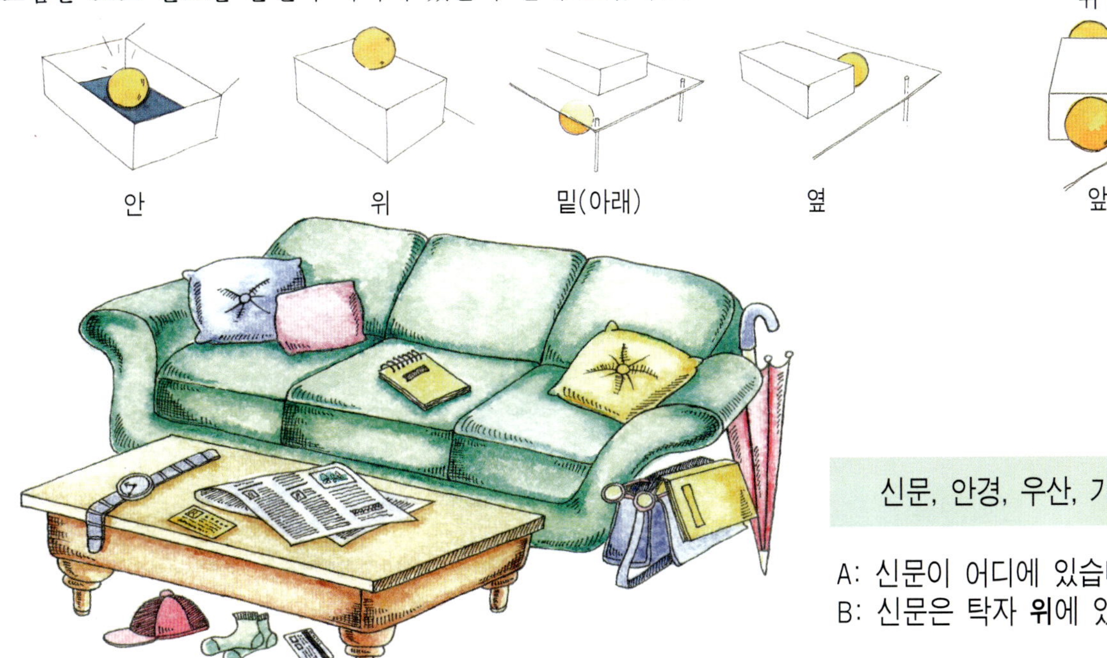

신문, 안경, 우산, 가방, 시계

A: 신문이 어디에 있습니까?
B: 신문은 탁자 **위**에 있습니다.

가운데, 오른쪽, 왼쪽…

2. 눈을 감고 여러분이 꿈꾸는 사무실을 상상해 보십시오. 거기에는 어떤 물건들이 있습니까? 서로 이야기 하십시오.

연습 Practice

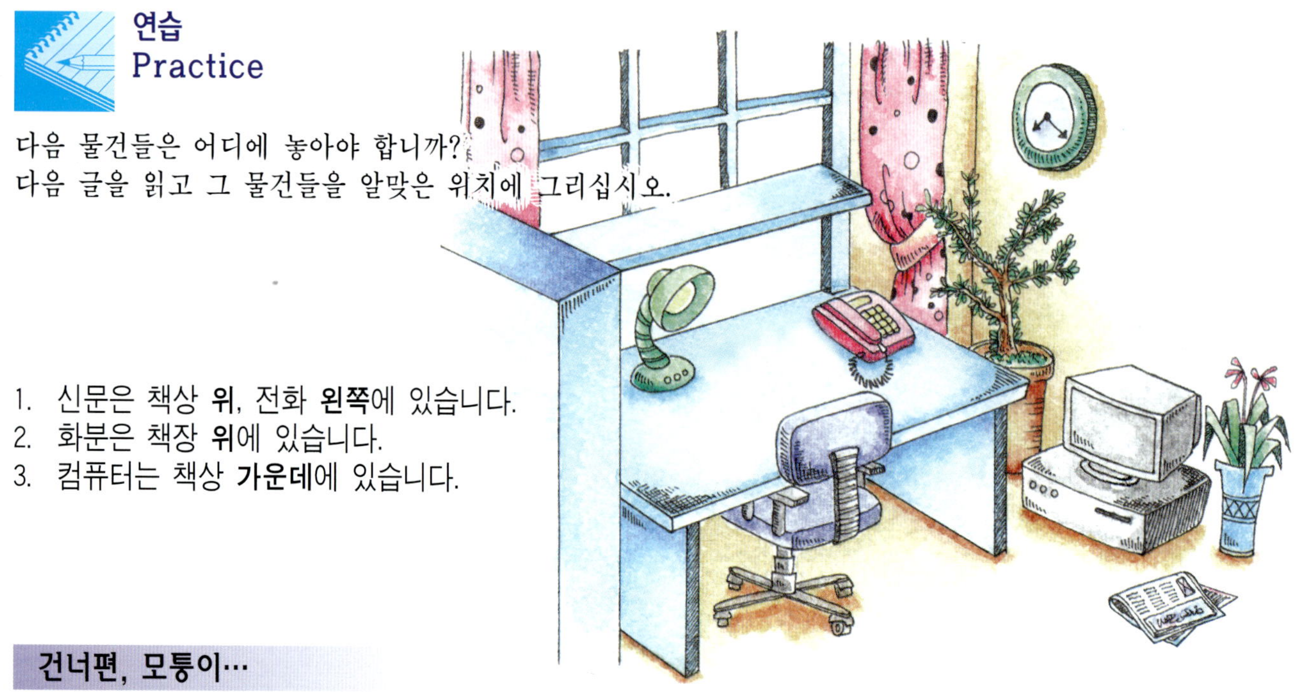

다음 물건들은 어디에 놓아야 합니까?
다음 글을 읽고 그 물건들을 알맞은 위치에 그리십시오.

1. 신문은 책상 **위**, 전화 **왼쪽**에 있습니다.
2. 화분은 책장 **위**에 있습니다.
3. 컴퓨터는 책상 **가운데**에 있습니다.

건너편, 모퉁이…

3. 여러분이 즐겨 찾는 장소는 어디입니까? 즐겨 찾는 장소에 대해서 이야기해 보십시오.

연습 Practice

지도를 보고 회사 근처에 무엇이 있는지 이야기해 보십시오.

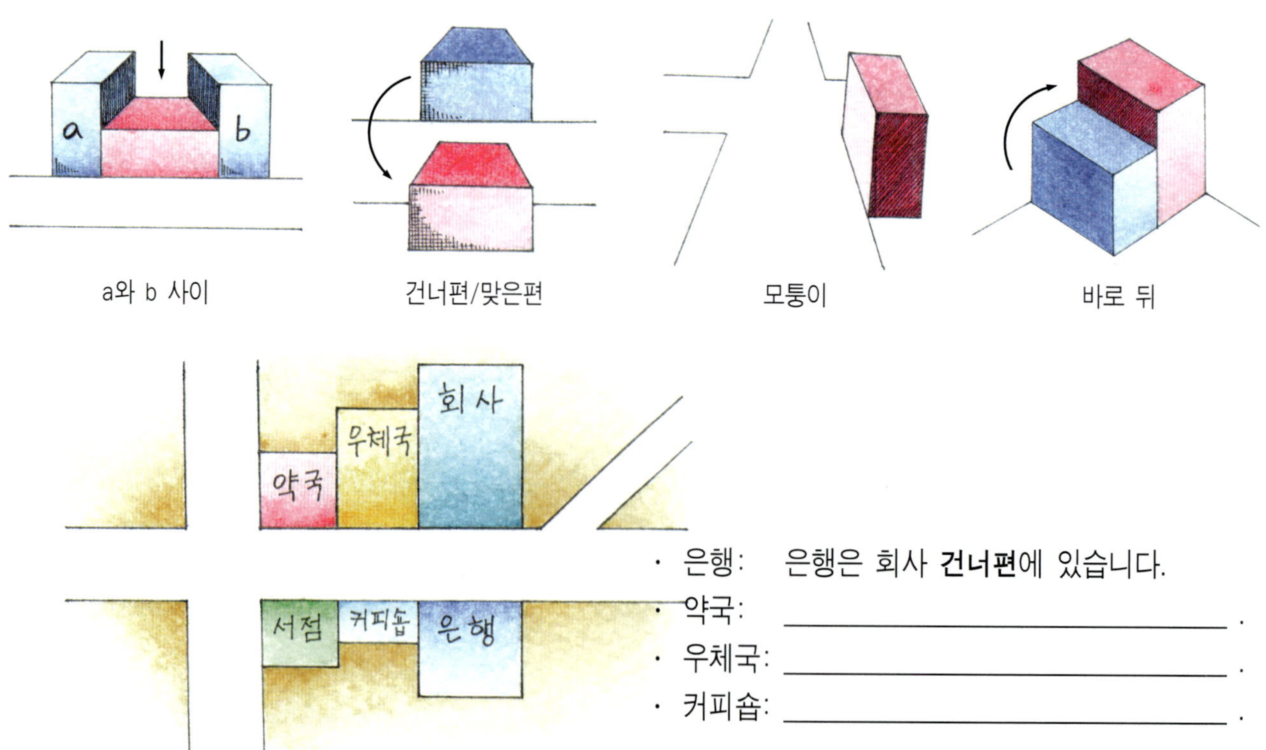

a와 b 사이 | 건너편/맞은편 | 모퉁이 | 바로 뒤

- 은행: 은행은 회사 **건너편**에 있습니다.
- 약국: ______________________.
- 우체국: ______________________.
- 커피숍: ______________________.

-에 놓으세요

4. 여러분은 다른 사람들을 잘 도와 주는 편입니까? 아니면 다른 사람에게 도움을 요청하는 편입니까? 오늘 여러분은 이사를 했습니다. 친구가 방 정리하는 것을 돕고 있습니다. 가구나 물건을 어디에 놓아야 하는지 친구가 물으면 위치를 지시하지요? 이 때 어떻게 말할까요?

A: 이 스탠드는 어디에 놓을까요?
B: 책상위**에 놓으세요.**

연습 Practice

사라는 이사를 했습니다. 이삿짐 센터 직원에게 가구를 어디에 놓아야 할지 말해 주십시오.

책상, 책장, 의자, 침대, 옷장, 화장대

A: 책상은 어디에 놓을까요?
B: 오른쪽 구석**에 놓으세요.**

쉼터

여러분은 민속촌에 가 봤습니까? 민속촌에 가면 초가집을 볼 수 있습니다. 초가집은 한국의 옛날 집입니다. 지붕은 볏짚으로 만들고 벽은 진흙으로 만듭니다. 그리고 방을 따뜻하게 하는 것은 온돌입니다. 온돌은 아궁이에서 불을 때면 화기(**火氣**)가 방 밑을 통하여 방을 덥게 하는 장치입니다.

여러분 나라의 옛날 집은 어떻습니까?

해 봅시다 TASKS

1. 마이클은 병원에 입원한 친구를 만나러 병원에 갔습니다. 간호사에게 친구 병실이 어디에 있는지 물어 보면 간호사는 병실의 위치를 설명해 주십시오.

마이클: 저, 실례합니다. 김영수 씨의 병실은 어디입니까?
간호사: 김영수 씨요? 잠깐만 기다리세요. 306호입니다.
마이클: 306호는 어디에 있습니까?
간호사: 똑바로 가시면 문이 있습니다. 그 문으로 나가면 바로 왼쪽에 306호가 있습니다.
마이클: 고맙습니다.

▶ 어느 방향으로 가야 합니까?

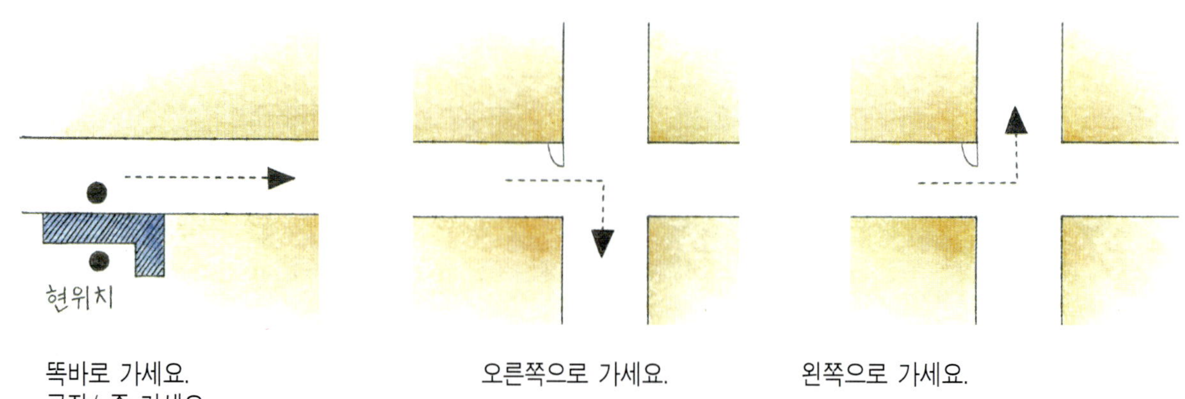

똑바로 가세요.
곧장/ 죽 가세요.

오른쪽으로 가세요.

왼쪽으로 가세요.

▶ **단어와 표현**

입원하다 | 간호사
병실 | 문 | 나가다

▶ **실례합니다. 말씀 좀 여쭙겠습니다.**

저, 실례합니다.
저, 실례지만 ~
저, ~

2. 마이클은 퇴근 후에 수진을 만나려고 합니다. 어디에서 만날지 서로 물어 보고 만날 장소를 정하십시오.

마이클: 여보세요?
수진: 마이클씨예요? 저 이수진이에요.
마이클: 퇴근 후에 시간이 있습니까?
저녁 식사를 같이 하고 싶습니다.
수진: 네, 좋아요. 어디에서 만날까요?
마이클: 제가 수진씨 회사 앞으로 가겠습니다.
수진: 회사 앞은 너무 복잡해요. 회사 뒤에 있는 은행 앞에서 만납시다.
마이클: 좋습니다. 제가 7시에 회사 뒤 은행 앞으로 가겠습니다.
수진: 네. 퇴근 후에 봅시다.

▶ **단어와 표현**

약속하다 | 복잡하다
은행 | 만납시다
봅시다

3. 수진의 방입니다. 수진은 가구를 몇 개 샀습니다. 지금 가구를 배달하러 온 사람들이 수진의 집에 도착했습니다. 가구들을 어디에 놓을지 이야기하십시오.

(똑똑)
수진: 누구세요?
배달원: 주문하신 가구를 가져왔습니다.
수진: 네, 들어오세요. 책상은 왼쪽 구석에 놓으세요. 그리고 책장은 책상 오른쪽 옆에 놓으세요.
배달원: 소파는 어디에 놓을까요?
수진: 왼쪽 벽에 붙여서 놓으세요. 그리고 탁자는 소파 앞에 놓으세요.
배달원: 다 됐습니다.
수진: 수고하셨습니다. 안녕히 가세요.

▶ 여러분 방에는 어떤 가구들이 있습니까?

▶ 어디에 놓을까요?

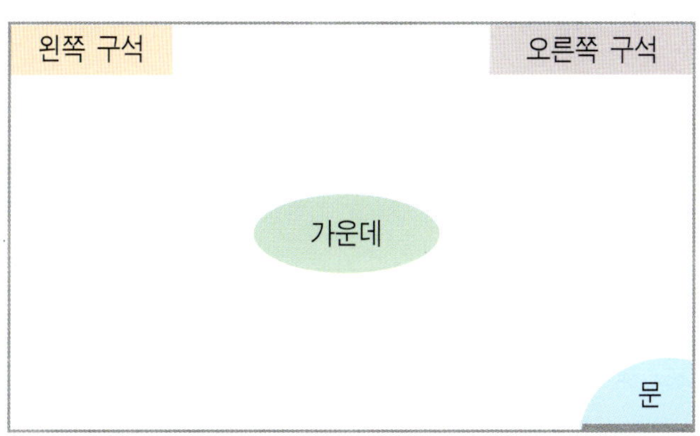

▶ 단어와 표현

작업실 | 가구 | 배달하다
도착하다 | 놓다 | 벽
벽에 붙이다

▶ 일을 다 끝냈을 때

다 됐습니다.
다 됐어요.
다 됐어.

읽기 READING

내가 꿈꾸는 우리 집

우리 집은 교외에 있습니다. 집 뒤에는 산이 있습니다. 집 근처에는 작은 호수가 있습니다. 아침마다 호숫가로 산책을 합니다. 경치가 아주 아름답습니다.

우리 집은 2층 집입니다. 집 앞에는 정원이 있습니다. 정원에는 나무와 꽃과 수영장이 있습니다. 집 옆에는 차고가 있습니다. 1층에는 거실과 주방과 서재가 있습니다. 거실에는 벽난로가 있습니다. 벽난로 옆에는 피아노가 있습니다. 서재에는 책장과 책상이 있습니다. 2층에는 침실과 욕실이 있습니다. 지하 1층에는 창고와 세탁실이 있습니다.

우리 집이 정말 멋있지요? 사실은 정말 우리 집이 아닙니다. 내가 꿈꾸는 미래의 우리 집입니다.

▶ 단어와 표현

꿈(을) 꾸다 | 교외 | 산 | 근처 | 작은 | 호수 | 아침마다 | 호숫가 | 산책을 하다
경치 | 아름답다 | 2층 | 정원 | 나무 | 꽃 | 수영장 | 벽난로 | 피아노 | 멋있다
사실은 | 미래

▶ 내용 이해

1. 집 근처에는 무엇이 있습니까?

2. 집 앞에는 무엇이 있습니까?

3. 지하 1층에는 무엇이 있습니까?

1. 작은 호수가 있습니다.
2. 정원이 있습니다.
3. 창고와 세탁실이 있습니다.

가족

준비합시다 ACTIVITIES

-의

1. 여러분은 학교나 회사에 갈 때 무엇을 가지고 갑니까? 여러분 가방에는 어떤 물건이 있습니까? 물건의 이름을 말해 보십시오.

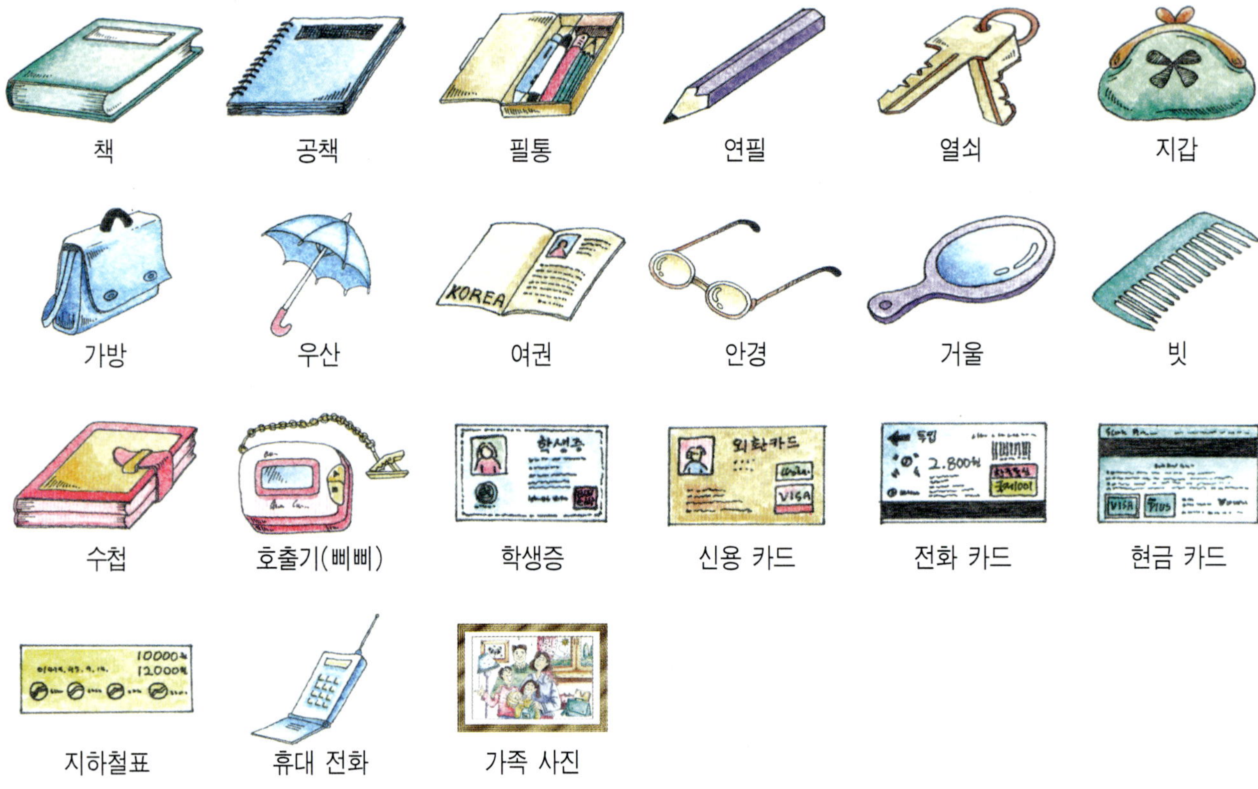

연습 Practice

다음 물건은 누구의 것입니까? 누구의 물건인지 말해 보십시오.

A: 이것은 누구**의** 책입니까?
B: 이것은 다니엘**의** 책입니다
(이 책은 다니엘**의** 것입니다).

▶ 나의 = 내, 저의 = 제

가족 관계

2. 여러분은 가족 사진을 가지고 다닙니까? 가족은 몇 명입니까? 대가족입니까? 핵가족입니까?

연습 Practice

앞의 가계도를 보고 다음과 같이 가족 관계를 말해 보십시오.

· 이소라는 이재연 씨**와** 박영미 씨**의 딸**입니다.

나이

3. 한국에서는 나이를 다음 두 가지 방법으로 읽습니다. 다음을 읽어 보십시오.

몇 살입니까?

10	열 살	십 세	20	스무 살	이십 세
11	열한 살	십일 세	30	서른 살	삼십 세
12	열두 살	십이 세	40	마흔 살	사십 세
13	열세 살	십삼 세	50	쉰 살	오십 세
14	열네 살	십사 세	60	예순 살	육십 세
15	열다섯 살	십오 세	70	일흔 살	칠십 세
16	열여섯 살	십육 세	80	여든 살	팔십 세
17	열일곱 살	십칠 세	90	아흔 살	구십 세
18	열여덟 살	십팔 세	100	백 살	백 세
19	열아홉 살	십구 세			

연습 Practice

앞의 가계도를 보고 다음과 같이 말하십시오.

· 이미영은 **서른** 살입니다.
· 우리 형은 **스물여섯** 살입니다.

직업

4. 여러분은 지금 무슨 일을 합니까? 여러분의 가족과 친구들은 무슨 일을 합니까?

직업

의사

간호사

교수

학생

가수

회사원

경찰관

비서

비행기 조종사

변호사

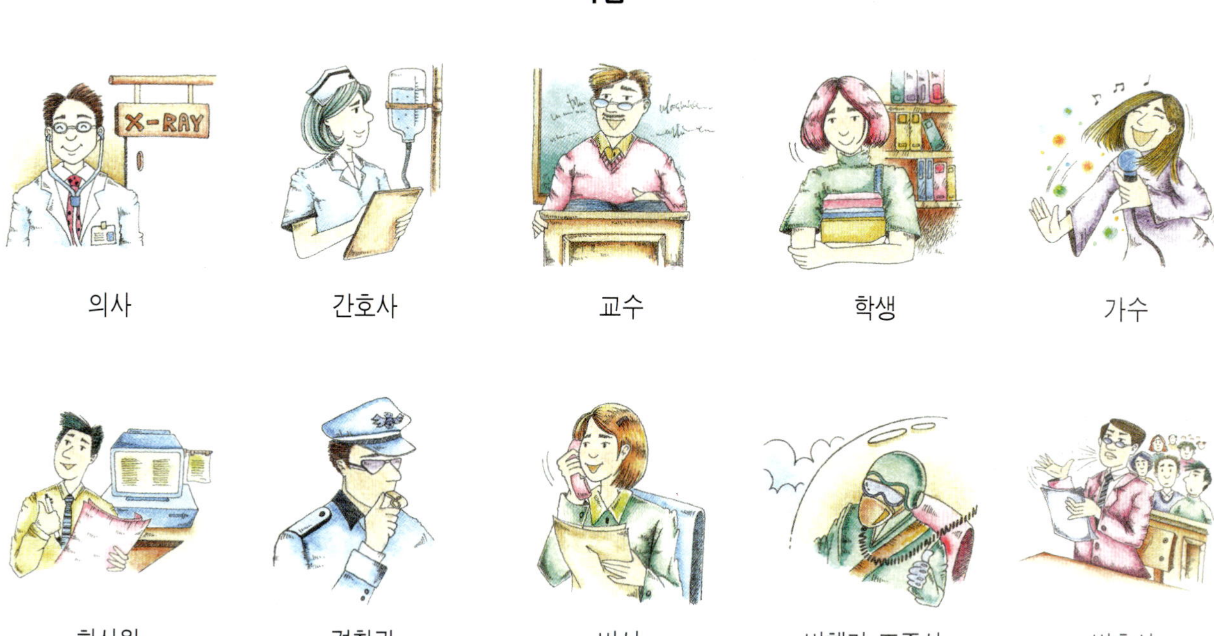

연습 Practice

직업을 묻고 대답해 보십시오.

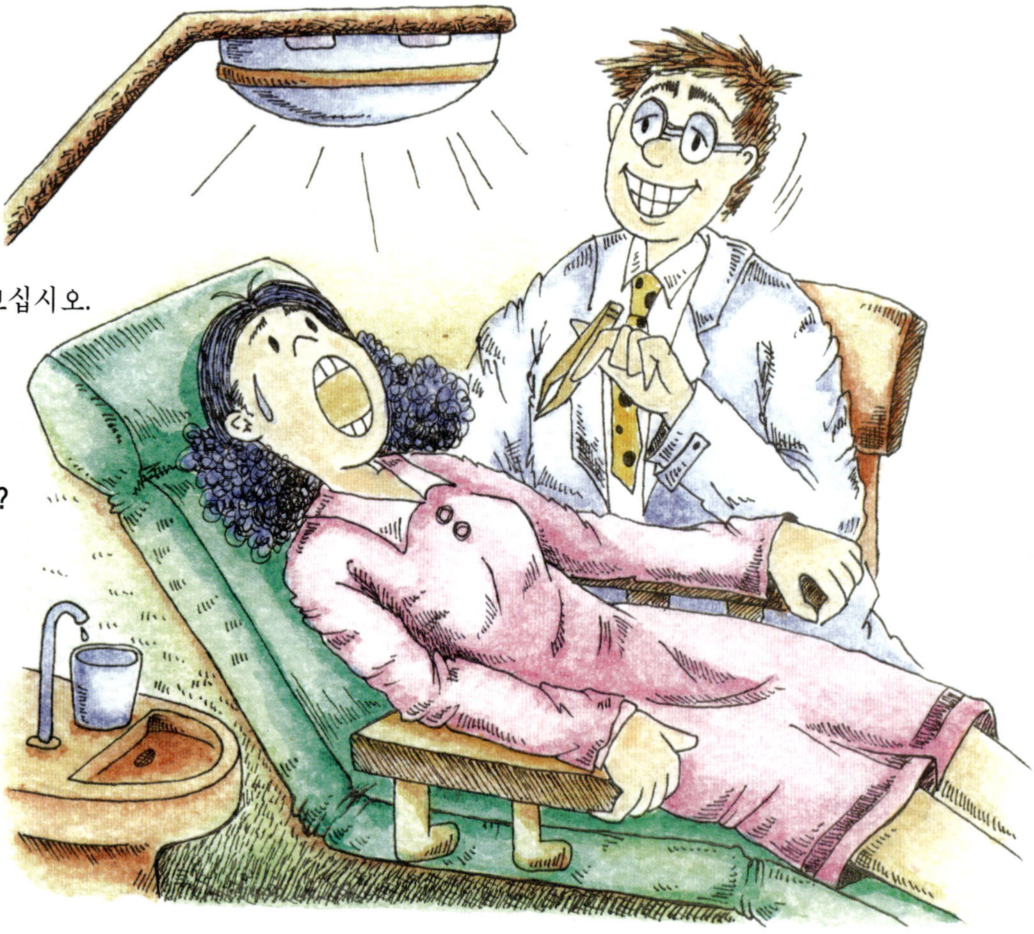

A: **직업이 무엇입니까?**

B: 치과 의사입니다.

한국 사람은 가족을 부를 때 윗사람은 아랫사람의 이름을 부릅니다. 그렇지만 아랫사람은 윗사람을 부를 때 이름이 아니라 관계를 부릅니다. 예를 들어서 동생이 형이나 누나, 오빠나 언니를 부를 때 이름을 부르지 않고 '형, 누나, 오빠, 언니' 라고 부릅니다. 그리고 다른 사람들에게 가족을 소개할 때 '내 아버지' 라고 말하지 않고 '우리 아버지' 라고 말합니다. 또한 한국 사람들은 '우리 나라, 우리 선생님, 우리 학교' 라는 말을 자주 사용합니다.

해 봅시다 TASKS

1. 수업 첫날입니다. 교실 문 앞에서 빈스의 수첩을 주웠습니다. 그런데 여러분은 누가 빈스인지 모릅니다. 빈스를 찾아서 수첩을 전해 주십시오.

냔시: 실례합니다. 누가 빈스씨입니까?
닉: 창문 옆에 있는 사람이 빈스씨입니다.
(낸시가 빈스에게)
낸시: 실례합니다. 빈스씨입니까?
빈스: 네, 그렇습니다.
낸시: 빈스씨, 이 수첩 빈스씨의 것입니까?
빈스: 아! 네, 제 겁니다.
낸시: 이것이 교실 문 앞에 있었습니다. 여기 있습니다.
빈스: 정말 감사합니다.

▶ **단어와 표현**

실례합니다 | 누가 | 창문 | 그렇습니다 | 교실 | 문 | 여기 있습니다 | 정말 감사합니다

- 무엇 = 뭐
- 것입니다 = 겁니다
- 무엇입니까? = 뭡니까?

이 연필 ➜ 이거

저 연필 ➜ 저거

그 연필 ➜ 그거

2. 신입 사원이 회사에 처음 출근했습니다. 서로 인사를 하고 소개하십시오.

(사무실 밖)
박정오: 마이클씨, 여기가 우리 사무실입니다.

(사무실 안)
박정오: 유인철 씨, 이분은 신입 사원 마이클 스미스 씨입니다.
마이클 스미스: 안녕하십니까?
유인철: 안녕하세요? 저는 유인철입니다. 만나서 반갑습니다.
마이클 스미스: 네, 저도 만나서 반갑습니다.
유인철: 마이클씨, 제 옆에 있는 책상이 마이클씨 책상입니다.
마이클 스미스: 이 책상입니까?
유인철: 네, 그렇습니다.
마이클 스미스: 그런데 이 사무실에 몇 명이 있습니까?
유인철: 다섯 명이 있습니다. 지금 세 명이 외국 출장중입니다.
박정오: 마이클씨, 우리는 보통 8시 30분까지 출근합니다. 사무실 문의 비밀 번호는 75843입니다.
마이클 스미스: 네, 알겠습니다.

▶ 단어와 표현

밖 | 안 | 여기 | 저기 | 사무실 | 이분 | 신입 사원 | 만나서 반갑습니다 | 그런데
몇 명 | 지금 | 외국 | 출장중 | 보통 | -까지 | 출근하다 | 문 | 비밀 번호 | 알겠습니다

3. 친구의 가족 사진을 봤습니다. 친구의 가족에 대해 묻고 대답하십시오.

유진: 이거 영철씨의 가족 사진입니까?
영철: 네, 그렇습니다.
유진: 영철씨 가족은 모두 몇 명입니까?
영철: 모두 다섯 명입니다. 아버지와 어머니가 계시고, 누나와 여동생이 있습니다.
유진: 영철씨 앞에 있는 사람이 누나입니까?
영철: 아니오, 이 사람은 제 여동생입니다.
유진: 여동생이 학생입니까?
영철: 네, 지금 한국대학교에 다닙니다. 스무 살입니다.
유진: 이분은 어머니십니까?
영철: 네, 그렇습니다.
유진: 어머님께서 참 미인이시군요. 연세가 어떻게 되셨습니까?
영철: 쉰다섯 되셨습니다.
유진: 어머니 뒤에 있는 이분은 누구십니까?
영철: 누나의 남편입니다. 우리 누나는 작년에 결혼을 했습니다. 그래서 지금 부산에서 삽니다.
유진: 영철씨의 누나는 무슨 일을 하십니까?
영철: 회사원입니다.

▶ 단어와 표현

사진 | 계시다 | 대학교 | 참
미인 | 작년 | 결혼하다 | 부산

▶ 높임말

아버지 → 아버님
어머니 → 어머님
이 사람 → 이분
그 사람 → 그분
저 사람 → 저분
몇 살입니까? → 연세가 어떻게 되셨습니까?
누구입니까? → 누구십니까?

읽기 READING

우리 가족

우리 가족은 모두 네 명입니다. 아버지와 어머니가 계시고 남동생이 한 명 있습니다. 우리 아버지는 의사십니다. 어머니는 학교 선생님이십니다. 학교에서 영어를 가르치십니다. 내 남동생은 지금 고등 학생입니다. 내 동생은 내년에 대학교에 갑니다. 나는 한국대학교 3학년 학생입니다. 나는 한국대학교에서 음악을 공부합니다. 우리 가족은 모두 부산에서 삽니다. 그렇지만 나는 학교 기숙사에서 삽니다.

▶ 단어와 표현

영어 | 가르치다 | 고등 학생 | 내년 | 학년 | 음악 | 모두 | 그렇지만 | 기숙사

▶ 내용 이해

1. 아버지의 직업은 무엇입니까?
2. '나'는 고등 학생입니까?
3. '나'는 여동생이 있습니까?

1. 의사입니다.
2. 아니요, 대학생입니다.
3. 아니요, 여동생이 없습니다.

직업

가정 주부
건축가
검사
경찰관
공무원
과학자
교사
기술자
기자
미술가
미용사
번역가

비행기 승무원
사업가
사진 기사
소방관
소설가
시인
실내 장식가
아나운서
약사
영화 배우
요리사
우체부

은행원
음악가
이발사
작가
작곡가
정치가
조각가
통역사
판매원
패션 모델
화가
회계사

주말

준비합시다 ACTIVITIES

-(스)ㅂ니다

1. 여러분은 친구나 동료와 함께 주말 계획을 세우려고 합니다. 주말에 무엇을 하는지 서로 말해 보십시오.

다음 표를 보고 세 사람이 주말에 보통 무엇을 하는지 말해 보십시오.

이름	주말에 보통 하는 일		
마이클 (학생)	데이트를 하다	친구와 커피를 마시다	춤을 추다
	음악을 듣다	친구에게 전화하다	친구를 만나다
라이주 (회사원)	운동하다	등산하다	사진을 찍다
	쇼핑하다	식료품을 사다	쉬다
샌드라 (주부)	요리하다	설거지하다	청소하다
	세탁하다	옷을 다리다	편지를 쓰다

재오: 주말에 보통 무엇을 합니까?
마이클: 저는 주말에 보통 데이트를 합니다. 그리고 친구와 커피를 마십니다.

안 + V

2. 여러분 친구들은 주말에 보통 무엇을 합니까? 주말에 안 하는 일은 무엇입니까?

A: 가오리씨, 토요일에 회사에 갑니까?

B: 아니오, **안** 갑니다.

연습 Practice

여러분 친구는 보통 일요일에 무엇을 하는지 알아 보십시오.

일요일에는 보통 무엇을 합니까?

1. 술을 마십니까?
2. 회사에서 일합니까?
3. 테니스를 칩니까?
4. 쇼핑을 합니까?
5. 야외로 놀러 갑니까?

A: 민호씨, 일요일에 보통 뭐 합니까?

B: 친구를 만납니다.

A: 친구와 같이 술을 마십니까?

B: **아니오**, 술을 **안** 마십니다.

-어/아요

3. 여러분은 친한 친구를 만나서 보통 어디를 갑니까? 친한 친구와 이야기할 때 어떻게 말합니까?

연습 Practice

다음 글을 '-어/아요'를 사용해서 바꾸십시오.

> 나는 토요일을 제일 **좋아합니다.** 토요일에 보통 애니를 만나러 대전에 **갑니다.** 애니는 내 여자 친구**입니다.** 대전에서 회사에 **다닙니다.** 토요일에 보통 같이 영화를 **봅니다.** 그리고 야외로 놀러 **갑니다.**

⬇

> 나는 토요일을 제일 **좋아해요.** 토요일에 보통 애니를 만나러 대전에 ______________ . 애니는 내 여자 친구____________ . 대전에서 회사에 ______________ . 토요일에 보통 같이 영화를 ______________ . 그리고 야외로 놀러 ________________ .

동사 활용

기본형	-(스)ㅂ니다	-어/아요
자다	잡니다	자요
살다	삽니다	살아요
먹다	먹습니다	먹어요
오다	옵니다	와요
주다	줍니다	줘요
운동하다	운동합니다	운동해요
쓰다	씁니다	써요
듣다	듣습니다	들어요
모르다	모릅니다	몰라요
이다	입니다	예요/이에요
있다	있습니다	있어요

한국 주부들은 주말을 어떻게 보낼까요? 신문에서 주부를 대상으로 조사를 했습니다. 조사에 의하면 주부들의 26.4%는 가족과 외출을 하며 주말을 즐긴다고 했습니다. 그리고 24.3%는 평일에 바빠서 하지 못한 집안 일을 한다고 했습니다. 그리고 12.8%는 개인 일이나 쇼핑을 한다고 했습니다. 여러분 나라의 주부들은 어떻습니까? 주말에 보통 무엇을 합니까?

해 봅시다 TASKS

1. 여러분은 주말에 친구와 같이 등산하고 싶습니다. 친구에게 등산 계획을 제안해 보십시오.

마틴: 마사코씨는 주말에 보통 뭐 해요?
마사코: 보통 친구를 만나요. 그리고 집에서 쉬어요.
마틴: 이번 주말에도 약속이 있어요?
마사코: 아니오, 이번 주말에는 약속이 없어요. 왜요?
마틴: 시간이 있으면 같이 산에 갑시다.
마사코: 좋아요. 그런데 어느 산에 갈까요?
마틴: 북한산에 갑시다.
마사코: 좋아요.

▶ 단어와 표현

A: -(으)ㄹ까요?
B: -(으)ㅂ시다

2. 지금 여러분은 한국인들이 주말에 보통 무엇을 하는지 알아보고 있습니다. 다음은 한국인 한 명의 설문지 결과입니다. 다음 설문지를 보고 그 결과를 말해 보십시오.

설문지

성명: 김민주 **직업:** 회사원 **연령:** 27세 **성별:** (남, 여)

	네	아니오
1. 주말에 보통 낮잠을 잡니까?		√
2. 주말에 보통 친구를 만납니까?	√	
3. 주말에 보통 영화를 봅니까?	√	
4. 주말에 보통 여행을 갑니까?		√
5. 주말에 보통 운동을 합니까?	√	
6. 주말에 보통 쇼핑을 합니까?	√	
7. 주말에 보통 집에서 쉽니까?		√
8. 주말에 보통 집안 일을 합니까?		√
9. 주말에 보통 외식을 합니까?	√	

김민주 씨는 회사원입니다. 스물일곱 살입니다. 김민주 씨는 남자입니다. 김민주 씨는 주말에 보통 낮잠을 안 잡니다. 주말에 보통 친구를 만납니다. 그리고 영화를 봅니다. 김민주 씨는 주말에 보통 여행을 안 갑니다. 주말에 보통 운동을 합니다. 그리고 쇼핑을 합니다. 김민주 씨는 주말에 보통 집에서 안 쉽니다. 그리고 주말에 보통 집안 일을 안 합니다. 김민주 씨는 주말에 보통 외식을 합니다.

▶ **단어와 표현**

설문지 | 성명 | 연령 | 성별 | 남자 | 여자 | 낮잠을 자다 | 여행을 가다 | -에서 쉬다 | 집안 일을 하다 | 외식하다

3. 여러분은 결혼해서 직장에 다닙니다. 그런데 여러분 친구는 전업 주부입니다. 보통 주말에 무엇을 하는지 서로 이야기해 보십시오.

소라: 민정씨, 주말에 보통 뭐 해요?
민정: 토요일 오후에는 보통 집에서 쉬어요. 그리고 일요일에는 집안 일을 해요. 평일에는 바빠서 못 하니까요.
소라: 직장 생활이 피곤해요?
민정: 네, 좀 피곤해요. 그래서 주말에는 보통 외출 안 해요. 소라씨는 주말에 보통 뭐 해요?
소라: 저는 주말에는 보통 가족과 같이 외식해요. 그리고 일요일에는 쇼핑하고….
민정: 소라씨가 부러워요. 평일에는 집안 일을 하고 주말에는 가족과 외식하고 쇼핑하고….
소라: 저는 민정씨가 부러워요. 저도 다시 직장에 다니고 싶어요.

▶ **단어와 표현**

전업 주부 | 평일 | 주말 | 집안 일 | 바쁘다 | 못 하다 | 직장 생활 | 피곤하다 | 외출하다
외식하다 | 부럽다

읽기 READING

맞벌이 부부

저는 토요일이 제일 바쁩니다. 일 주일 동안 바빠서 못 한 일을 합니다. 토요일에는 오후 1시에 퇴근합니다. 집에 1시 30분에 들어옵니다. 제일 먼저 부엌에 가서 설거지를 합니다. 아침에는 바빠서 설거지를 할 수 없습니다. 그 다음에 빨래를 합니다. 그리고 청소를 합니다. 방하고 거실을 청소하면 4시가 됩니다. 아주 피곤합니다. 그 다음에는 저녁 식사를 준비합니다. 저녁 6시가 되면 아내가 돌아옵니다. 우리는 맞벌이 부부입니다. 지금은 아내가 더 바쁩니다. 그래서 집안 일은 보통 제가 합니다.

▶ 단어와 표현

맞벌이 부부 | 제일 먼저 | 들어오다 | 피곤하다 | 준비하다 | 돌아오다

▶ 내용 이해

1. 토요일에 집안 일을 하는 사람은 부인입니까?
2. 1시부터 6시까지 무슨 일을 합니까?

1. 아니요, 부인이 아닙니다. 남편입니다.
2. 설거지를 합니다. 빨래를 합니다. 청소를 합니다. 그리고 식사 준비를 합니다.

제 6 과

여행

준비합시다 ACTIVITIES

-에서

1. 여러분은 주말에 보통 무엇을 합니까? 친구를 만납니까? 보통 어디에서 만납니까?

○○○○년

12	일요일	월요일	화요일	수요일	목요일	금요일	토요일
	1 학교 앞: 친구	2	3	4	5	6	7 현대 백화점: 쇼핑
	8 학교 앞: 친구	9 소늘	10	11	12	13	14

· 학교 앞**에서** 친구를 만납니다.

연습 Practice

다음 사람들은 주말에 보통 어디에서 무엇을 하는지 말해 보십시오.

영화관, 이발소,
우체국, 놀이동산

편지를 보내다,
머리를 자르다,
영화를 보다,
놀이 기구를 타다

· 마이클은 주말에 보통 영화관**에서** 영화를 봅니다.

▶ 그저께, 어제, 내일, 모레

	일	월	화	수	목	금	토
지난 주	3	4	5	6	7	8	9
이번 주	10	11 그저께	12 어제	13 오늘	14 내일	15 모레	16
다음 주	17	18	19	20	21	22	23

	지난	이번	다음
주	지난 주	이번 주	다음 주
달	지난 달	이번 달	다음 달
해	지난 해 (=작년)	이번 해 (=올해)	다음 해 (=내년)

-때

2. 우리는 가끔 옛날 경험을 이야기할 때가 있습니다. 여러분은 언제 어떤 일을 처음 시작했는지 기억합니까? 다음 표에 표시해 보십시오.

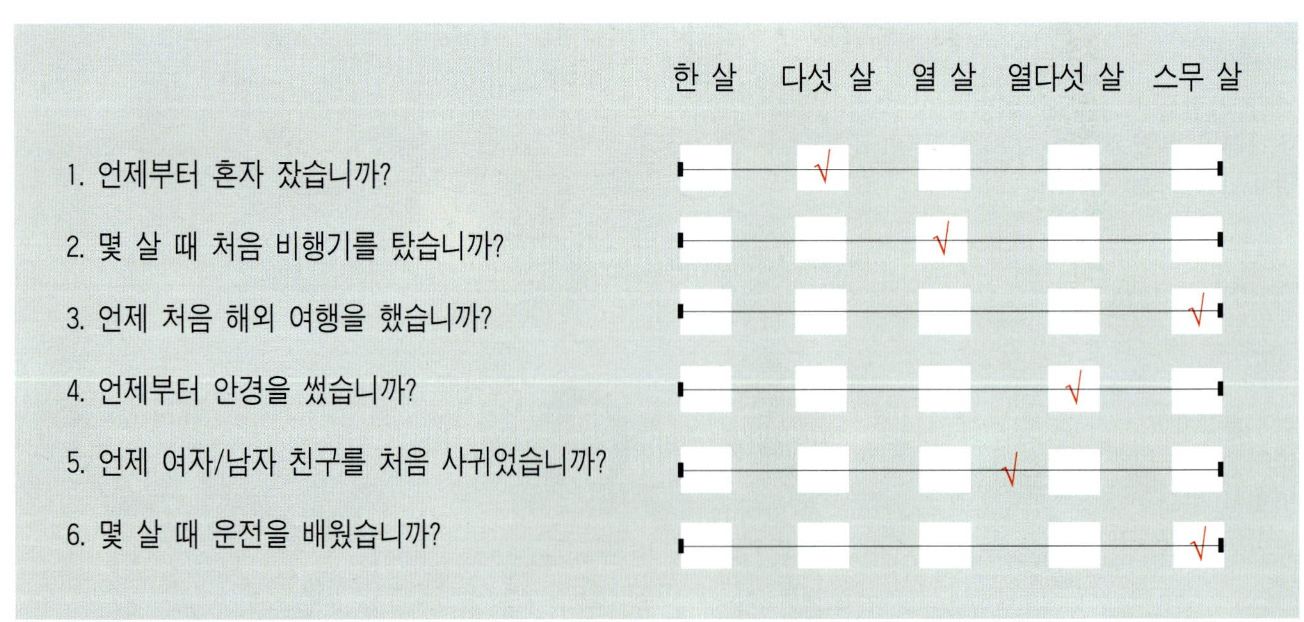

A: 언제부터 혼자 잤습니까?

B: **다섯 살 때**부터 혼자 잤습니다.

전에/후에
-기 전에/-(으)ㄴ 후에

3. 여러분은 출근하기 전이나 학교에 가기 전에 보통 어떤 일들을 합니까? 언제나 똑같은 순서로 출근 준비를 합니까? 어떤 순서로 무엇을 하는지 말해 보십시오.

제임스는 식사 **전에** 샤워를 합니다. 그리고 식사 **후에** 출근합니다.

연습 Practice

다음 사람들은 아침에 어떤 순서로 일을 합니까? '전에/후에'를 사용해서 말해 보십시오.

미치코	샤워하다 ⇒ 화장하다 ⇒ 아침 식사하다 ⇒ 신문을 보다 ⇒ 출근하다
마이클	면도하다 ⇒ 샤워하다 ⇒ 아침 식사하다 ⇒ 옷을 입다 ⇒ 출근하다
수잔	조깅하다 ⇒ 샤워하다 ⇒ 빵을 먹다 ⇒ 이를 닦다
마크	이를 닦다 ⇒ 면도하다 ⇒ 뉴스를 듣다 ⇒ 아침 식사하다 ⇒ 청소하다

A: 미치코씨는 샤워**한 후에** 무엇을 합니까?

B: 샤워**한 후에** 화장합니다.

A: 그러면 출근하**기 전에** 무엇을 합니까?

B: 출근하**기 전에** 신문을 봅니다.

▶ **10분 전, 두 시간 전, 일 주일 전, 석 달 전(=3개월 전), 2년 전**

-었/았습니다

4. 여름 휴가가 끝나고 회사에 출근했습니다. 회사 동료들과 휴가 동안 어디에서 무엇을 했는지 말해 보십시오.

A: 지난 휴가에 어디를 여행**했습니까?**
거기에서 무엇을 **했습니까?**

B: 하와이를 여행**했습니다.** 거기에서
수영도 **했습니다.**

연습 Practice

다음은 각 사람들이 지난 여름에 여행한 곳과 그 곳에서 한 일입니다. 어디에 갔는지, 무엇을 했는지 말해 보십시오.

이름	여행지	여행지에서 한 일		
마이클	하와이	와이키키 수영하다	폴리네시안 민속촌 훌라춤을 보다	기념품 가게 그림 엽서를 사다
가오리	태국	방콕 수상 시장을 구경하다	민속촌 민속 무용을 보다	바다 수상 스키를 타다

제니퍼	**이탈리아**	로마 유적지를 구경하다	바티칸 사진을 찍다	
다니엘	**케냐**	국립 공원 야생 동물을 많이 보다	시장 열대 과일을 사 먹다	
올가	**스페인**	투우장 투우를 보다	미술관 그림을 관람하다	음악회 오페라를 감상하다

· 마이클은 지난 휴가에 하와이에 갔습니다. 하와이에서 와이키키에 갔습니다. 와이키키에서 수영했습니다. ____

____

-었/았습니다

5. 여러분은 아이들에게 교훈이 되는 이야기를 해 줄 때가 있습니다. 그 때 여러분은 어떤 이야기를 해 주겠습니까?

연습 Practice

________의 동사를 고쳐서 다음의 이야기를 완성하십시오.

옛날에 양치기 소년이 살았습니다(살다). 어느 날 그 소년은 너무 ____________(심심하다). 그래서 "늑대가 ____________(나타나다)"라고 소리쳤습니다. 마을 사람들이 ____________(오다). 그러나 늑대는 ____________(없다). 양치기 소년은 그 일이 ____________(재미있다). 그래서 몇 번 이렇게 ____________(거짓말을 하다). 어느 날 정말 늑대가 ____________(나타나다). 양치기 소년은 "늑대예요! 늑대가 ____________(오다)"라고 말했습니다. 그러나 사람들은 소년의 말을 안 ____________(믿다). 그래서 늑대는 양들을 다 ____________(잡아먹다).

옛날에는 우리 나라에 글자가 없었습니다. 그래서 중국의 한자를 사용했습니다. 한자는 너무 어려워서 국민들이 하고 싶은 말을 글로 잘 나타낼 수 없었습니다. 조선 시대(1392-1897)의 세종대왕(1397-1450)은 나라의 문자가 없는 것을 안타깝게 여겨서 우리의 문자를 만들어야겠다고 생각했습니다. 그리하여 1443년에 정음 28자를 만들었습니다. 정음 28자는 자음 17자(ㄱ, ㄴ, ㄷ, ㄹ, ㅁ, ㅂ, ㅅ, ㅇ, ㅈ, ㅊ, ㅋ, ㅌ, ㅍ, ㅎ, ㆁ, ㆆ, ㅿ)와 모음 11자(ㅏ, ㅑ, ㅓ, ㅕ, ㅗ, ㅛ, ㅜ, ㅠ, ㅡ, ㅣ, ㆍ)입니다. 그 당시에는 28자 이 외에도 ㄲ, ㄸ, ㅃ, ㅆ, ㅉ, ㆅ, ㅸ이 쓰였습니다.

오늘날에는 'ㆁ, ㆆ, ㅿ'와 'ㆍ'는 없어졌습니다. 그리고 자음 19개(ㄱ, ㄴ, ㄷ, ㄹ, ㅁ, ㅂ, ㅅ, ㅇ, ㅈ, ㅊ, ㅋ, ㅌ, ㅍ, ㅎ, ㄲ, ㄸ, ㅃ, ㅆ, ㅉ)와 모음 21개(ㅏ, ㅑ, ㅓ, ㅕ, ㅗ, ㅛ, ㅜ, ㅠ, ㅡ, ㅣ, ㅐ, ㅒ, ㅔ, ㅖ, ㅘ, ㅚ, ㅙ, ㅝ, ㅞ, ㅟ, ㅢ)를 사용합니다.

세종대왕

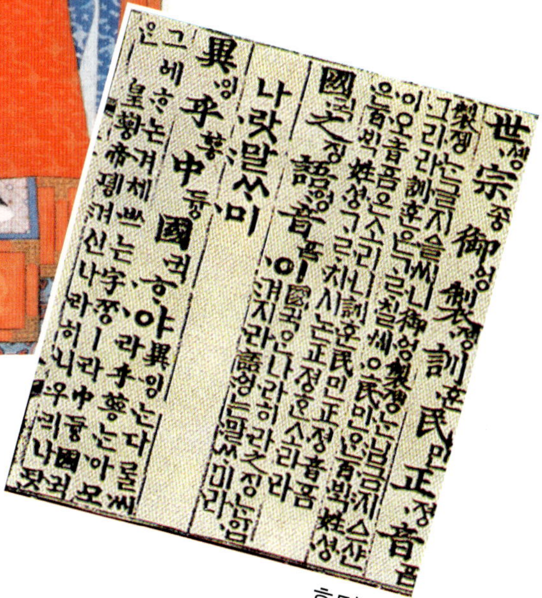

훈민정음

해 봅시다 TASKS

1. 옆 집에 새 친구가 이사를 왔습니다. 여러분은 그 친구한테 아주 관심이 많습니다. 그 친구와 인사를 나누고 궁금한 것을 물어 보십시오.

영민: 안녕하세요? 제 이름은 박영민입니다.
샐리: 안녕하세요? 저는 김샐리예요.
영민: 만나서 반갑습니다. 저는 옆 집에 삽니다.
언제 이사왔습니까?
샐리: 일 주일 전에 이사왔어요.
영민: 샐리씨는 재미 교포입니까?
샐리: 네, 미국 샌프란시스코에서 왔어요.
세 살 때 부모님과 같이 미국에 갔어요.
영민: 그런데 한국에는 무슨 일로 오셨습니까?
샐리: 저는 대학교에서 경제학을 전공했어요. 한국에서
일하고 싶어서 왔어요. 앞으로 잘 부탁드립니다.
영민: 어려운 일 있으면 말씀하세요.

▶ **교포**

재미 교포, 재일 교포

▶ **전공**

경제학, 철학, 정치학, 경영학, 사회학, 법학, 의학, 교육학

- 잘 부탁드립니다.
- 잘 부탁합니다.
- 잘 지냅시다.

2. 여름 휴가가 끝나고 회사에서 친구를 만났습니다. 휴가 동안에 무엇을 했는지 친구와 같이 이야기해 보십시오.

민호: 오랜만입니다. 휴가는 잘 보냈어요?
마이클: 네, 잘 보냈어요.
민호: 어디에 다녀왔어요?
마이클: 동남아시아를 여행했어요.
민호: 얼마 동안 여행했어요?
마이클: 일 주일 동안 여행했어요. 태국하고 홍콩하고 싱가포르를 구경했어요.
홍콩에서 이틀, 싱가포르에서 이틀, 태국에서 나흘 있었는데, 태국이 제일 재미있었어요.
민호: 태국에서 뭐했어요?
마이클: 거기에서 맛있는 과일을 많이 먹었어요. 그리고 배도 타고 수상 스키도 탔어요.
수영도 많이 했어요. 정말 재미있었어요.
민호: 언제 돌아왔어요?
마이클: 그저께 밤에 왔어요.

하루	이틀	사흘	나흘	닷새	엿새
1일	2일	3일	4일	5일	6일

3. 여러분의 남자 친구가 다른 여자와 데이트를 하는 것 같습니다. 여러분이 남자 친구에게 어제 무엇을 했는지 물어 보고 사실인지 아닌지 알아 보십시오.

수미: 민호씨, 왜 어제 전화 안 했어요?
민호: 음- 어제 아주 바빴어요.
수미: 그래요? 어제 1시에 무엇을 했어요?
민호: 1시에 학교 앞 식당에서 점심 식사를 했어요.
수미: 그러면 왜 오후 4시에 전화 안 했어요?
민호: 아, 그 때는 학교 도서관에서 친구하고 같이 공부를 했어요.
수미: 그래요? 그러면 어제 밤 10시에 어디에 있었어요?
민호: 어제 밤 10시요? 집에서 텔레비전을 봤어요.
수미: 무슨 프로그램이었어요?
민호: 에- 잘 생각이 안 나요. 아주 재미있었는데….
수미: 10시 스포츠 뉴스였어요?
민호: 맞아요. 스포츠 뉴스였어요. 너무 재미있어서 전화 못 했어요.
수미: 민호씨, 일요일 10시에는 스포츠 뉴스를 안 해요.
그 시간에 다른 여자와 데이트를 했지요?

▶ 에-, 음-, 저-, 아-, 글쎄-

읽기 READING

하와이에서

나는 이번 여름 휴가 때 하와이를 여행했습니다. 어머니와 아버지와 동생 제니퍼와 함께 여행을 했습니다. 우리는 오전 9시 30분에 호놀룰루 국제 공항에 도착했습니다. 날씨가 아주 좋았습니다. 우리는 제일 먼저 호텔에 갔습니다. 호텔에서 짐을 풀었습니다. 짐을 푼 후에 옷을 갈아입었습니다. 그리고 조금 쉬었습니다. 우리는 호텔 식당에서 점심을 먹었습니다. 음식값이 조금 비쌌습니다. 그렇지만 맛있었습니다.

식사를 한 후에 우리는 와이키키 해변으로 갔습니다. 해변에는 사람들이 많이 있었습니다. 나와 제니퍼는 수영을 했습니다. 어머니와 아버지는 해변에서 쉬셨습니다. 수영을 한 후에 우리는 해변 옆에 있는 시장에 갔습니다. 나는 시장에서 티셔츠를 하나 샀습니다. 제니퍼는 그림 엽서를 샀습니다.

다음 날 우리는 아침 식사 후에 차를 타고 시내를 관광했습니다. 옛날 하와이 왕궁을 보고 쇼핑 센터에서 쇼핑을 했습니다. 점심 식사 후에는 폴리네시안 민속촌에 갔습니다.

민속촌에 가기 전에 필름을 샀습니다. 민속촌에서 하와이의 옛날 집과 사람들의 생활 모습을 보았습니다. 그리고 훌라 춤도 보았습니다. 아주 재미있었습니다.

▶ 단어와 표현

이번 | 여름 | 휴가 | -와/과 함께 | 호놀룰루 | 국제 공항 | 도착하다 | 날씨가 아주 좋다
제일 먼저 | 호텔 | 짐을 풀다 | 옷을 갈아입다 | 음식값 | 조금 | 비싸다 | 그렇지만
맛있다 | 와이키키 | 해변 | 사람들 | 시장 | 티셔츠 | 그림 엽서 | 다음 날 | 차를 타다
시내 | 관광하다 | 옛날 | 왕궁 | 쇼핑 센터 | 폴리네시안 민속촌 | 필름 | 옛날 집
생활 모습 | 훌라 춤 | 재미있다

▶ 내용 이해

1. 하와이에 몇 시에 도착했습니까?
2. 언제 시장에 갔습니까?
3. 폴리네시안 민속촌에서 무엇을 했습니까?

1. 오전 9시 30분에 도착했습니다.
2. 수영한 후에 갔습니다.
3. 하와이의 옛날 집과 사람들의 생활 모습을 보았습니다. 그리고 훌라춤도 보았습니다.

교통

준비합시다 ACTIVITIES

-(으)로, -어/아서

1. 우리가 자주 이용하는 교통 수단에는 어떤 것이 있습니까? 여러분은 출퇴근할 때 보통 무엇을 이용합니까?

버스 자동차 지하철

택시 기차 배 비행기

연습
Practice

여러분은 어떻게 학교에 갑니까? 말해 보십시오.

A: 학교에 어떻게 갑니까?
B: 저는 학교에 버스**로** 갑니다.
C: 저는 걸**어서** 갑니다.

-에서 -까지

2. 도시 생활에서 지하철은 아주 편리한 교통 수단입니다. 특히 길이 막힐 때는 자주 지하철을 이용하게 됩니다. 지하철 노선도를 보고 목적지를 찾아가 보십시오.

연습 Practice

다음 서울 지하철 노선도를 보고 목적지에 어떻게 가는지 말해 보십시오.

A: 시청역**에서** 경복궁역**까지 어떻게 갑니까?**
B: 시청역에서 1호선을 타세요. 그리고 종로 3가역에서 3호선**으로 갈아타세요.**

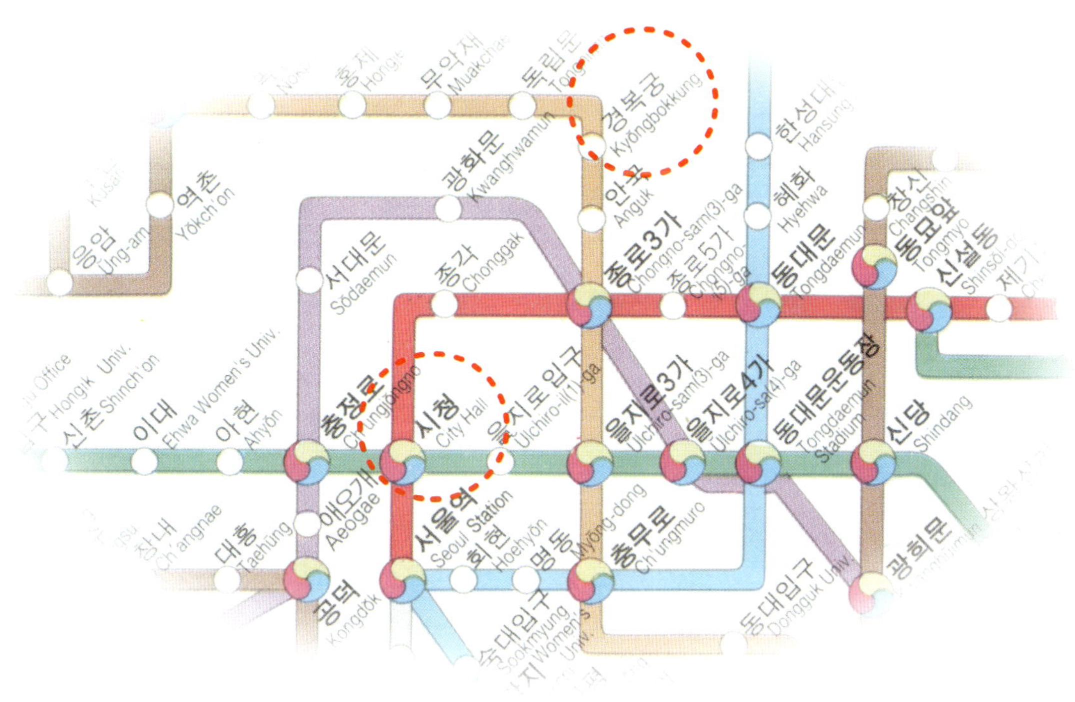

한국의 지하철

- 국 철
- 1호선
- 2호선
- 3호선
- 4호선
- 5호선
- 6호선
- 7호선
- 8호선

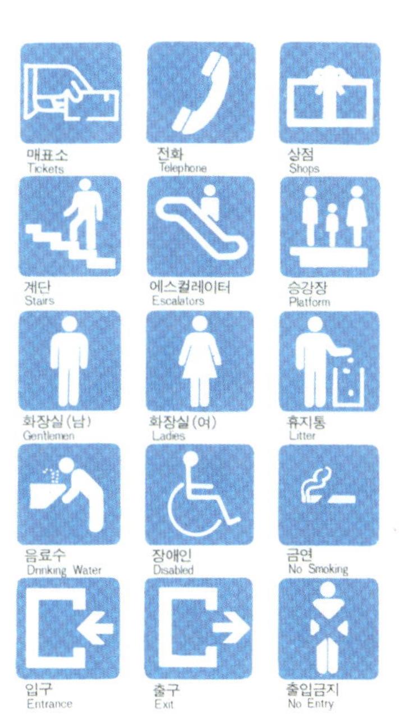

지하철 역 표지

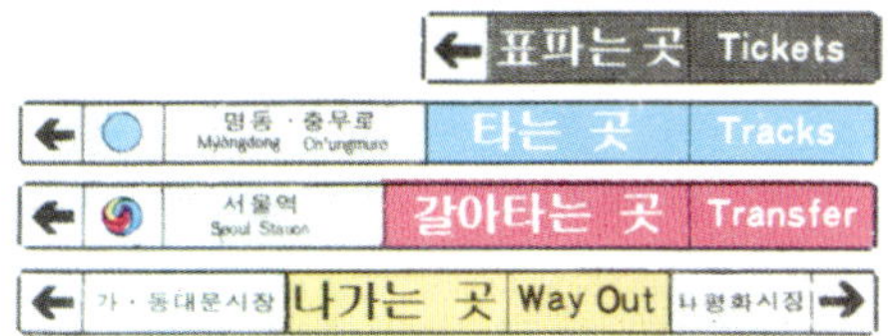

-지 않다

3. 월요일 아침에 학교에서 친구를 만났을 때 보통 무슨 이야기를 합니까? 주말에 무엇을 했는지를 말하지요? 친구에게 어제 무엇을 했는지 말해 보십시오.

A: 어제 영화를 봤습니까?

B: 아니오, 영화를 보**지 않았습니다.**

연습 Practice

여러분은 지난 주말에 무엇을 했습니까? 무엇을 하지 않았습니까?

	니콜	민호	제임스
편지를 쓰다	○	×	×
등산하다	×	○	○
청소하다	×	×	○
머리를 자르다	×	×	×

· 지난 주말에 니콜은 편지를 썼습니다. 그렇지만 민호와 제임스는 편지를 쓰**지 않았습니다.**

-(으)ㄹ 겁니다

4. 여러분은 주말에 보통 무엇을 합니까? 이번 주말에는 무엇을 할 건지 친구와 말해 보십시오.

미영: 니콜씨, 이번 주말에 무엇을 **할 겁니까?**
니콜: 등산을 **할 겁니다.**

연습 Practice

다음은 제임스의 주말 계획표입니다. '-(으)ㄹ 겁니다'를 사용해서 주말에 무엇을 할 건지 말해 보십시오.

시간	토요일	일요일
오전 10:00	테니스 치다	청소하다
11:00		
12:00		
오후 1:00	머리를 자르다	쇼핑하다
2:00	친구를 만나다	
3:00	영화를 보다	

사라: 제임스씨, 토요일 오후에 무엇을 **할 겁니까?**
제임스: 오후 1시에는 이발소에 **갈 겁니다.** 머리를 자**를 겁니다.**
사라: 토요일에 쇼핑을 **할 겁니까?**
제임스: 아니오, 토요일에는 쇼핑을 하지 않**을 겁니다.** 일요일 오후에 쇼핑을 **할 겁니다.**

-(으)ㄹ 겁니다

5. 졸업을 앞둔 학생들은 졸업 후 자신의 진로에 대한 계획을 가지고 있습니다. 5년 후, 10년 후에 어떤 계획이 있는지 말해 보십시오.

연습 Practice

다음은 재호의 대학 졸업 후 계획입니다. 어떤 계획이 있는지 써 보십시오.

취직하다　결혼하다　세계 일주를 하다　별장을 사다　회사 사장이 되다

재호는 졸업 후에 취직을 할 겁니다. 그리고 ______________________________

____

____

아직 -지 않다

6. 여러분은 여행하는 것을 좋아합니까? 여행할 때 무엇을 준비해야 합니까?

연습 Practice

다음은 마이클의 여행 준비 목록입니다. 다음 목록을 보고 글을 완성해 보십시오.

준비 목록	준비한 것	아직 준비 못 한 것
여권	○	
비행기표		×
호텔 예약		×
사진기	○	
필름		×
수영복		×
옷	○	
비디오 카메라		×
여행자 수표		×
상비약		×

마이클은 이번 주 토요일에 여행을 갈 겁니다. 마이클은 여권과 사진기와 옷은 준비했습니다. 그렇지만 호텔은 **아직** 예약하**지 않았습니다.** 오늘 호텔을 예약할 겁니다. 비행기표도 **아직** ________(사다). 내일 비행기표를 살 겁니다. 사진 필름도 ________(준비하다). 이번 주 금요일에 사진 필름을 살 겁니다. 그리고 수영복도 ________(사다). 비디오 카메라는 사지 않을 겁니다. 친구에게서 ________(빌리다). 여행자 수표를 ________(준비하다). 이번 주 금요일에 은행에 갈 겁니다. 은행에서 돈을 여행자 수표로 ________(바꾸다). 상비약도 ________(준비하다). 오늘 저녁에 상비약을 준비할 겁니다.

옛날에 한국 사람들은 교통 수단으로 무엇을 이용했을까요? 혹시 여러분은 한국 영화나 박물관에서 '가마'를 보셨습니까? 이 '가마'는 지붕이 있는 네모난 작은 방 또는 집같이 생긴 것입니다. 가마는 나무로 만들었는데 조그만 창문이 있어서 밖을 내다볼 수 있고 창문을 닫으면 밖에서 안을 볼 수 없었습니다. 사람이 가마에 타면 두 명이나 네 명의 남자들이 앞뒤에서 가마를 메고 운반을 했습니다. 가마는 보통 양반집 여자들이 외출을 할 때 이용했고 결혼할 때도 가마를 타고 시집을 갔습니다. 그러면 남자들은 어땠을까요? 신분이 높은 양반집 남자들도 역시 가마를 탔는데 이 때의 가마는 지붕이 없는 가마였습니다.

여러분 나라 사람들은 옛날에 어떤 교통 수단을 이용했습니까?

해 봅시다 TASKS

1. 여러분이 한국 친구와 같이 신촌에서 인천 월미도에 가려고 합니다. 그렇지만 가는 길을 잘 모릅니다. 한국 친구에게 길을 물어 보십시오.

마이클: 진수씨, 인천 월미도에 가려고 합니다. 어떻게 가야 합니까?
진수: 신촌에서 지하철을 타십시오. 그리고 시청역에서 1호선으로 갈아타십시오. 인천행 지하철을 타야 합니다.
마이클: 그 다음에는 어떻게 합니까?
진수: 인천역에서 내리십시오.
마이클: 인천역에서 내리면 월미도입니까?
진수: 아닙니다. 버스를 한 번 타야 합니다. 월미도 가는 버스를 타십시오.
마이클: 신촌에서 월미도까지 시간이 얼마나 걸립니까?
진수: 1시간 20분쯤 걸립니다.
마이클: 감사합니다.

▶ **단어와 표현**

타다 | 인천행 지하철
역 | 내리다

A: 시간이 얼마나 걸립니까?

B: 약 ____________ 쯤 걸립니다.

2. 부산으로 주말 여행을 가려고 합니다. 서울역에 전화를 해서 기차표를 예약해 보십시오.

(따르릉)
직원: 서울역입니다.
마이클: 2월 1일 오전 10시쯤 출발하는 부산행 기차가 있습니까?
직원: 네, 오전 9시 30분 무궁화호와 10시 30분 새마을호가 있습니다.
마이클: 요금은 얼마입니까?
직원: 무궁화호는 15,000원이고 새마을호는 24,500원입니다.
마이클: 시간이 얼마나 걸립니까?
직원: 무궁화호는 5시간 10분 걸리고, 새마을호는 4시간 15분 걸립니다.
마이클: 그럼 새마을호로 예약해 주십시오.
직원: 왕복입니까? 편도입니까?
마이클: 편도입니다.
직원: 손님 성함과 전화 번호를 말씀해 주십시오.
마이클: 제 이름은 마이클 스미스입니다. 전화 번호는 360-4114입니다.
직원: 네, 예약됐습니다.
마이클: 감사합니다.

▶ 단어와 표현

기차표 | 예약하다
요금 | 왕복 | 편도 | 손님

▶ 기차

새마을호
무궁화호
통일호

잠시만 기다리십시오.	성함이 어떻게 되십니까?
잠깐만 기다리세요.	성함을 말씀해 주십시오.
잠시만요.	성함은요?
잠깐만.	이름은요?

3. 친구가 여러분의 휴가 계획을 묻습니다. 언제, 어디에 갈 건지 이야기해 보십시오.

마이클: 민호씨, 휴가가 언제입니까?
민호: 2월 1일부터 2월 10일까지입니다.
마이클: 어디에 갈 겁니까?
민호: 케냐에 갈 겁니다. 케냐에 제 친구가 있습니다. 그 친구를 만날 겁니다. 그리고 같이 여행을 할 겁니다.
마이클: 케냐에 어떻게 갑니까?
민호: 비행기로 서울에서 파리까지 갑니다. 거기에서 비행기를 갈아탑니다.
마이클: 그럼 케냐까지 시간이 얼마나 걸립니까?
민호: 17시간쯤 걸립니다.
마이클: 시간이 많이 걸리는군요. 그런데 민호씨, 친구에게 연락을 했습니까?
민호: 아직 안 했습니다. 오늘 저녁에 전화할 겁니다.
마이클: 그럼 케냐에 잘 다녀오십시오.

▶ 단어와 표현

계획
연락하다

▶ 여행을 가는 친구에게 인사를 할 때

안녕히 다녀오십시오.	즐거운 여행 되십시오.
잘 다녀오세요.	즐거운 시간 보내세요.
잘 갔다 와.	재미있게 놀다 와.

읽기 READING

대중 교통 수단

여러분은 아침에 학교나 회사에 갈 때 무엇을 타고 갑니까? 바쁜 출 · 퇴근 시간에 많이 이용하는 교통 수단은 나라마다 다릅니다. 서울에 사는 사람들은 자가용도 이용하지만 지하철이나 버스도 많이 탑니다. 대만이나 중국 사람들은 자전거와 오토바이를 많이 타고 다닙니다. 그래서 자전거와 오토바이를 위한 주차장도 있습니다. 인도의 대표적 교통 수단에도 자전거와 오토바이를 개조한 '릭샤'가 있습니다. 이탈리아의 베네치아에서는 '곤돌라'라고 하는 수상 교통을 이용하고 있습니다. 이렇게 각 나라의 기후나 환경에 따라서 교통 수단은 다양합니다.

그러면 앞으로 10년 후, 100년 후 우리는 무엇을 타고 다닐까요? 미래의 교통 수단에 대해서 한번 상상해 보십시오.

▶ 단어와 표현

바쁘다 | 교통 수단 | 나라마다 | 다르다 | 자가용 | 이용하다 | 주차장 | 대표적 | 개조하다
릭샤 | 베네치아 | 곤돌라 | 수상 교통 | 기후 | 환경 | -에 따라서 | 다양하다 | 상상하다

▶ 내용 이해

1. 중국에서 많이 이용하는 교통 수단은 무엇입니까?

2. 수상 교통을 이용하는 나라는 어디입니까?

1. 자전거와 오토바이입니다.
2. 이탈리아입니다.

쇼핑 1

준비합시다 ACTIVITIES

-권/-병…

1. 사람, 동물, 과일, 책 등의 수를 셀 때 어떻게 말합니까? 한국말은 단위를 말할 때 다음과 같이 다양하게 말합니다.

명/ 사람　　마리　　권　　병

연습
Practice

다음은 제임스의 방입니다. 다음 그림을 보고 무엇이 몇 개 있는지 이야기해 보십시오.

- 책상 위에 책이 세 **권** 있습니다.
- 책상 위에 책**과** 종이**와** 물컵이 있습니다.

수

2. 여러분은 친구나 동료의 생일을 알고 있습니까? 그 사람의 생일에 무엇을 선물할 겁니까?

연습 Practice

그림을 보고 물건의 가격을 묻고 말해 보십시오.

안경 (56,000원)　사진기 (250,000원)　텔레비전 (870,000원)　비디오 카메라 (1,270,000원)

진주 목걸이 (340,000원)　여행용 가방 (140,000원)　구두 (89,000원)　자동차 (13,200,000원)

A: 안경은 얼마입니까?
B: 56,000원입니다.

▶ **통화 단위**: ₩ = 원, $ = 달러(불), ¥ = 엔, EURO = 유로

-에게/-한테

3. 크리스마스가 되면 어른이나 아이들이나 모두 마음이 즐겁고 기쁩니다. 파티를 준비하기도 하고 친구에게 줄 선물을 사기도 합니다. 여러분은 크리스마스를 어떻게 보냅니까?

· 친구**에게** 선물을 줍니다.

연습 Practice

다음 사람들이 크리스마스에 무엇을 하는지 이야기해 보십시오.

이름	하는 일
마이클	친구에게 전화하다, 여행하다, 파티하다
수잔	친구를 초대하다, 포도주와 칠면조 요리를 먹다
샐리	친구와 파티하다, 춤을 추다
다나카	부모님께 편지를 쓰다, 선물을 보내다

A: 마이클씨는 크리스마스에 무엇을 할 겁니까?
B: 친구**에게** 전화할 겁니다. 친구와 같이 여행할 겁니다.

-고 싶다

4. 여러분은 주말에 보통 가족과 외식을 합니까? 외식할 때 무엇을 즐겨 먹습니까? 어디에 가서 무엇을 먹고 싶은지 이야기해 보십시오.

아버지: 오늘 저녁에 무엇을 먹을까?
수미: 저는 피자를 먹**고 싶어요.**

연습 Practice

다음 사람들은 졸업 후에 무엇을 하고 싶습니까? 이야기해 보십시오.

이름	졸업 후
게이코	미국에 유학을 가다
수잔	결혼을 하다
크리스	회사에 취직하다
브라이언	대학원에 진학하다

A: 게이코씨는 졸업 후에 무엇을 할 겁니까?
B: 미국에 유학을 가**고 싶습니다.**

높임말

5. 한국말은 윗사람과 친구에게 사용하는 말이 다릅니다. 윗사람에 대해서 말을 할 때는 높임말을 사용합니다.

다음 주 일요일은 친구의 생일입니다. 나는 친구에게 편지를 보냈습니다. 친구는 미국에 있습니다. 대학교에서 공부합니다. 학생입니다.	➡	다음 주 일요일은 아버지의 **생신**입니다. 나는 아버지**께** 편지를 보냈습니다. 아버지**께서는** 미국에 **계십니다.** 큰 회사에서 일**하십니다.** 회사원**이십니다.**

▶ 높임말

(1) V.st + (으)시

가다	→	가시다
이다	→	이시다
읽다	→	읽으시다
듣다	→	들으시다
만들다	→	만드시다

(2) **동사 중에서 몇 가지 특별한 모양으로 바꾸는 것이 있습니다.**

있다	→	있으시다, 계시다
자다	→	주무시다
먹다	→	드시다, 잡수시다
죽다	→	돌아가시다

(3) **명사**

밥	→	진지
생일	→	생신
나이	→	연세
집	→	댁
말	→	말씀

(4) **조사**

는/은	→	께서는
이/가	→	께서
에게	→	께
에게서	→	께

연습 Practice

다음 글을 어머니에 대한 글로 바꿔 쓰십시오.

오늘은 내 친구 수잔의 생일입니다. 수잔의 나이는 스물일곱 살입니다. 수잔은 여름에 태어났습니다. 그래서 수잔은 여름을 아주 좋아합니다. 수잔은 미국의 학교에서 학생들을 가르쳤습니다. 그렇지만 지금은 한국에서 직장에 안 다닙니다. 나는 오늘 아침에 수잔에게 선물을 주었습니다. 수잔은 아주 기쁘다고 말했습니다.

오늘은 어머니의 생신입니다.
어머니 ______________________.
어머니 ______________________.
그래서 어머니 ______________________
______________________.
어머니______________ 학교에서 학생들을 ______________________.
그런데 어머니__________ 3년 전부터
______________________.
나는 오늘 아침에 어머니__________
선물을 ______________________.
어머니__________ 너무 기쁘다고
______________________.

쉼터

생일은 언제나 기쁘고 행복한 날입니다. 한국에서는 몇몇 생일은 특히 축하해 줍니다.

아기의 첫 번째 생일에 큰 잔치를 합니다. 이것을 '돌잔치' 라고 합니다. 아기는 돌복을 입고, 어머니는 여러 가지 음식을 준비해서 돌상을 차려 줍니다. 돌상 위에 연필, 돈, 실을 놓고 아기가 잡게 합니다. 연필을 잡으면 공부를 잘 하고, 돈을 잡으면 부자가 되고, 실을 잡으면 건강하게 오래 살 수 있다고 생각합니다.

그리고 60번째 생일은 '회갑' 이라고 합니다. 이 때도 큰 잔치를 엽니다. 가족과 친척들이 어른이 오래 사신 것을 축하하고 기뻐합니다. 그리고 일흔 살에는 '칠순 잔치' 를 합니다.

해 봅시다 TASKS

1. 과일 가게에서 과일을 사려고 합니다. 값을 묻고 과일을 사십시오.

주인: 어서 오세요.
샐리: 이 사과는 얼마예요?
주인: 다섯 개에 2,000원입니다.
샐리: 너무 비싸요. 이건 얼마예요?
주인: 그건 여섯 개에 2,000원이에요.
샐리: 이것으로 주세요. 이 수박은 얼마예요?
주인: 14,000원이에요.
샐리: 너무 비싸요.
주인: 요즘 수박철이 아니라서 비싸요.

▶ 단어와 표현

비싸다
한 개에 얼마예요?
수박철이 아니다

▶ 과일

사과

바나나

파인애플

멜론

감

포도

오렌지

귤

수박

딸기

복숭아

배

2. 친구와 같이 영화관에 갔습니다. 영화표를 사십시오.

크리스: 영화표 두 장 주세요.
극장 직원: 몇 회요?
크리스: 3회입니다.
극장 직원: 3회는 매진입니다. 4회는 있습니다.
크리스: 4회는 몇 시에 시작합니까?
극장 직원: 5시에 시작합니다.
크리스: 4회로 두 장 주십시오.
극장 직원: 12,000원입니다.
크리스: 여기 있습니다.
극장 직원: 감사합니다.

▶ **단어와 표현**

3회 | 매진 | 시작하다 | 끝나다

▶ **영화관에서 볼 수 있는 말**

상영 시간　　연소자 관람가 / 미성년자 관람가
상영중　　연소자 관람 불가 / 미성년자 관람 불가
매진
판매중

3. 다음 주 일요일이 할머니 생신입니다. 어떤 선물을 사면 좋은지 친구와 이야기하십시오.

수잔: 다음 주 일요일에 시간이 있어요? 은주씨하고 영화를 보고 싶어요.
은주: 안 돼요. 다음 주 일요일은 할머니 생신이에요.
수잔: 할머니 생신 선물은 샀어요?
은주: 아니오, 아직 못 샀어요. 오늘 살 거예요. 수잔씨, 어떤 것이 좋아요?
수잔: 글쎄요. 할머니 옷은 어때요?
은주: 옷은 언니가 살 거예요.
수잔: 난 지난 번 어머니 생신에 반지를 사 드렸어요. 아주 좋아하셨어요.
은주: 아, 그래요? 반지가 좋겠어요.

▶ **단어와 표현**

사 드리다

나는 = 난
저는 = 전
우리는 = 우린

▶ **생일 선물**

꽃다발

꽃바구니

케이크

생일 카드

액자

시계

향수

액세서리

인형

화장품

만년필

라이터

4. 백화점에 가서 할머니 선물로 반지를 사려고 합니다. 가게 점원과 이야기하십시오.

220,000원

330,000원

300,000원

점원: 어서 오십시오. 뭘 찾으십니까?
은주: 반지를 하나 사고 싶어요. 어떤 것이 있어요?
점원: 누가 낄 겁니까?
은주: 할머니께 선물할 거예요.
점원: 이건 어떻습니까?
은주: 너무 화려하고 커요. 모양은 이거 한 가지만 있습니까?
점원: 여기 여러 가지가 있습니다. 이 쪽을 보십시오.
은주: 음- 이 모양이 좋아요. 이건 얼마예요?
점원: 300,000원입니다.
은주: 너무 비싸요. 제가 200,000원쯤 준비했어요.
점원: 그러면 이것은 어떻습니까? 220,000원인데 가격도 괜찮고 모양도 아주 예쁩니다.
은주: 좋아요. 이게 마음에 듭니다. 이것을 주세요.

▶ 단어와 표현

반지를 끼다
화려하다
마음에 들다
가격도 괜찮다

▶ 물건을 살 때 많이 사용하는 말

어서 오세요.	어서 오십시오.
뭘 찾으세요.	뭘 찾으십니까?
어떤 것을 찾으세요?	어떤 것을 찾으십니까?
좀 깎아 주세요.	좀 깎아 주십시오.

이것은 = 이건
이것이 = 이게
이것을 = 이걸

▶ **친척**

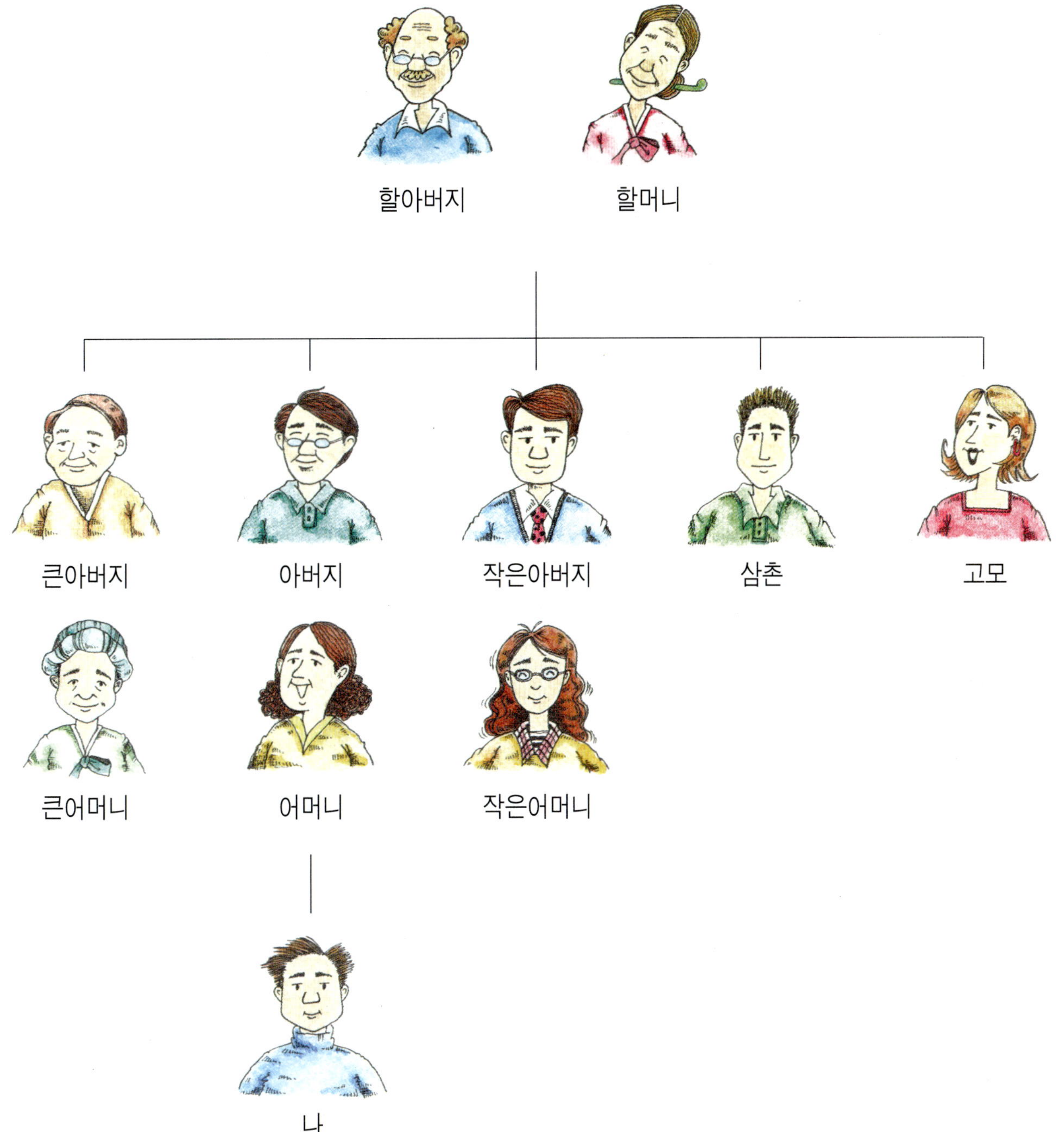

읽기 READING

할머니의 회갑 잔치

어제는 할머니의 생신이었습니다. 할머니 연세는 61세이십니다. 한국에서는 61세, 60번째 생일은 '회갑'이라고 해서 큰 잔치를 합니다. 우리 집도 할머니 생신을 위해서 가족들이 모두 모였습니다. 큰아버지, 큰어머니, 작은아버지, 작은어머니, 삼촌, 고모 등 많은 가족이 모였습니다. 그래서 호텔의 작은 방을 하나 빌렸습니다. 할머니께서 앉으신 자리 앞에는 큰 테이블이 있고 그 위에는 많은 음식이 있었습니다. 가족들은 모두 한복을 입었습니다. 제일 먼저 할머니께 차례로 절을 했습니다. 절을 한 뒤에 할머니께 "건강하게 오래 사세요"라고 했습니다. 그리고 선물을 드렸습니다. 할머니께서는 아주 기뻐하셨습니다.

▶ 단어와 표현

회갑 | 잔치 | 빌리다 | 한복 | 제일 먼저 | 차례로 | 절을 하다 | 건강하게 오래 사세요

▶ 내용 이해

1. 회갑은 무엇입니까?
2. 회갑 잔치에는 누가 왔습니까?

1. 회갑은 60번째 생일입니다.
2. 큰아버지, 큰어머니, 작은아버지, 작은어머니, 삼촌, 고모 등이 왔습니다.

능력

준비합시다 ACTIVITIES

-(으)ㄹ 수 있다/없다

1. 여러분은 시간이 있으면 보통 무엇을 합니까? 운동을 합니까? 어떤 운동을 잘 합니까? 어떤 운동을 할 수 없습니까?

야구를 **할 수 있습니다.**

수영을 **할 수 없습니다.**

바이올린을 **켤 수 없습니다.**

피아노를 **칠 수 있습니다.**

운동

축구를 하다, 야구를 하다, 탁구를 치다, 수영을 하다, 농구를 하다, 테니스를 치다

악기

피아노를 치다, 플루트를 불다, 첼로를 켜다, 바이올린을 켜다, 기타를 치다, 드럼을 치다

전혀 못 하다 → 보통이다 (그저 그렇다) → 잘하다

수잔: 마이클씨는 수영을 잘 합니까?
마이클: 아니오, **전혀 못 합니다.** 수잔씨는 수영을 잘 합니까?
수잔: 아니오, **보통입니다.**

그리고, 그렇지만
-은(는), -도

2. 사람마다 재능이 모두 다릅니다. 여러분은 어떤 재능이 있습니까?

마술을 하다

부채춤을 추다

태권도를 하다

옷을 만들다

	네	아니오
마술을 할 수 있습니까?	√	
부채춤을 출 수 있습니까?		√
태권도를 할 수 있습니까?	√	
옷을 만들 수 있습니까?		√
운전할 수 있습니까?	√	
'사랑합니다'를 다섯 나라 말로 할 수 있습니까?	√	

연습 Practice

위의 표를 보면서 다음과 같이 말해 보십시오.

- 나는 마술을 할 수 있습니다. **그리고** 태권도**도** 할 수 있습니다. **그렇지만** 부채춤**은** 출 수 없습니다.

그래서

3. 친구가 여러분을 음악회에 초대했습니다. 여러분은 일이 있어서 갈 수 없습니다. 그러면 왜 갈 수 없는지 이유를 말해야 하지요?

- 오늘 너무 바쁩니다. **그래서** 음악회에 갈 수 없습니다.
- 감기에 걸렸습니다. **그래서** 갈 수 없습니다.

연습 Practice

A와 B를 연결하고 '그래서'를 사용해서 말해 보십시오.

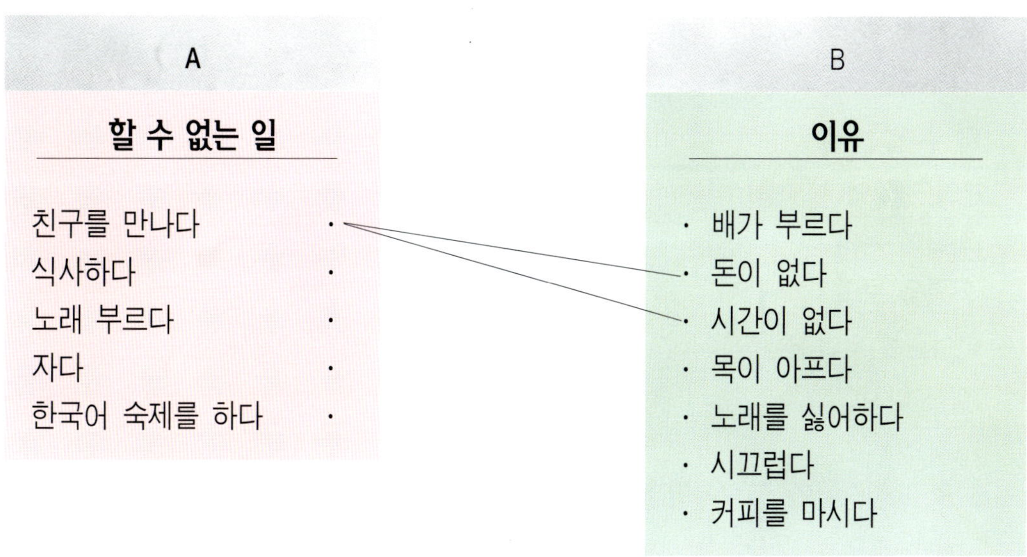

A	B
할 수 없는 일	**이유**
친구를 만나다 ·	· 배가 부르다
식사하다 ·	· 돈이 없다
노래 부르다 ·	· 시간이 없다
자다 ·	· 목이 아프다
한국어 숙제를 하다 ·	· 노래를 싫어하다
	· 시끄럽다
	· 커피를 마시다

- 돈이 없습니다. 그리고 시간도 없습니다. **그래서** 친구를 만날 수 없습니다.

그래서

4. 여러분은 어떤 것을 하고 싶어도 할 수 없을 때가 있지요? 여러분은 언제 이런 경험이 있었습니까?

· 리처드는 다리를 다쳤습니다. **그래서** 축구를 할 수 없습니다.

연습 Practice

다음 사람들이 하고 싶은 것을 왜 할 수 없는지 이유를 말해 보십시오.

이름	할 수 없는 일	이유
가오리	케이크를 먹다	돈이 없다
크리스	파티에 가다	바쁘다
미셸	가족을 보다	외국에 있다
브라이언	피아노를 치다	손가락을 다치다
샐리	술을 마시다	아프다

· 가오리는 지금 케이크를 먹고 싶습니다. 그렇지만 돈이 없습니다. **그래서** 케이크를 **먹을 수 없습니다.**

태권도는 옛부터 내려오는 한국의 호신 무술입니다. 호신 무술은 다른 사람을 공격하는 것이 아니라 자기를 방어하는 무술입니다. 태권도의 기본 동작은 맨손과 맨주먹으로 찌르기, 치기, 발로 차기입니다. 태권도를 하면 정신과 몸이 건강해집니다. 태권도는 2000년 전 수박도에서 시작되었습니다. 그 후 삼국 시대(4세기 초 - 7세기 중반)부터 사람들이 많이 하는 운동이 되었습니다. 그리고 지금은 세계 여러 나라 사람들이 태권도를 배우고 있습니다. 태권도의 구령은 모두 한국말입니다. 2000년 시드니 올림픽과 2002년 부산 아시안 게임에서 정식 종목으로 채택되었습니다.

해 봅시다 TASKS

1. 소형 녹음기를 사려고 백화점에 갔습니다. 점원에게 녹음기의 기능에 대해서 물으십시오.

점원: 어서 오십시오. 무엇을 찾으십니까?
은주: 소형 녹음기를 사고 싶습니다. 어떤 것이 있습니까?
점원: 여러 가지 모양이 있습니다. 이것이 요즘 인기 있는 것입니다.
은주: 이것이 녹음기입니까? 볼펜이 아닙니까?
점원: 모양은 볼펜이지만 녹음도 할 수 있습니다. 그리고 재생도 할 수 있습니다.
은주: 이것으로 글을 쓸 수도 있습니까?
점원: 물론입니다. 이 볼펜 녹음기는 건전지 4개로 1년 동안 쓸 수 있습니다.
은주: 그래요? 또 어떤 기능이 있습니까?
점원: 이 볼펜에는 시계가 있습니다. 그래서 시간을 알 수도 있습니다.
은주: 정말 기능이 다양하군요.

▶ **단어와 표현**

소형 | 녹음기 | 녹음하다
재생하다 | 건전지 | 다양하다

2. 비서를 뽑는 광고를 보고 회사에 인터뷰를 하러 갔습니다. 면접원이 비서 능력에 대해서 여러 가지를 물으면 여러분은 자신의 능력에 대해 대답하십시오.

김정연: 안녕하십니까?
면접원: 안녕하십니까? 김정연 씨에게 몇 가지 묻겠습니다. 전에 비서를 했습니까?
김정연: 네, 작년까지 3년 동안 일했습니다.
면접원: 외국어를 할 수 있습니까?
김정연: 네, 조금 할 수 있습니다.
면접원: 어떤 외국어를 할 수 있습니까?
김정연: 영어와 일어를 할 수 있습니다.
면접원: 불어도 할 수 있습니까?
김정연: 읽을 수는 있지만 말은 잘 못 합니다.
면접원: 컴퓨터를 할 수 있습니까?
김정연: 네, 할 수 있습니다.
면접원: 운전도 할 수 있습니까?
김정연: 운전 면허증은 있습니다. 그렇지만 운전은 자주 하지 않았습니다. 그래서 잘 못 합니다.
면접원: 네, 수고하셨습니다. 연락 드리겠습니다.

▶ 단어와 표현

능력 | 비서 | 운전 면허증
연락 드리겠습니다

▶ 외국어

영어 중국어
일어 러시아어
불어 스페인어
독어

3. 여러분은 파티에 초대받았습니다. 그렇지만 그 파티에 갈 수 없었습니다. 왜 파티에 갈 수 없었는지 설명해 주십시오.

제임스: 영민씨, 무슨 일이 있었습니까? 파티에 왜 오지 않았습니까?
영민: 정말 미안합니다. 차가 고장났습니다. 그래서 파티에 갈 수 없었습니다.
제임스: 차가 고장났습니까? 어디에서요?
영민: 고속 도로에서요. 회사 일 때문에 인천에 갔습니다. 고속 도로에서 갑자기 차가 고장이 났습니다.
제임스: 그럼 왜 전화를 안 했습니까?
영민: 제임스씨에게 전화하고 싶었습니다. 그렇지만 전화가 없었습니다. 그래서 다른 사람의 차를 타고 수리 센터에 갔습니다.
제임스: 우리는 영민씨를 많이 기다렸습니다. 차는 괜찮습니까?
영민: 차는 다 수리했습니다. 파티에 못 가서 정말 미안합니다.

▶ 단어와 표현
고속 도로 | 고장나다 | 갑자기 | 수리 센터 | 수리하다

못 가서 미안합니다
늦어서 미안합니다
연락 드리지 못해서 죄송합니다

읽기 READING

생일 선물로 받은 전자 수첩

지난 주 월요일은 제 생일이었습니다. 그래서 생일 선물을 많이 받았습니다. 가장 마음에 드는 것은 전자 수첩이었습니다.

전자 수첩은 계산기와 아주 비슷한 모양입니다. 그렇지만 전자 수첩은 계산만 하는 것이 아닙니다. 아주 많은 기능이 있습니다. 첫 번째, 사람들의 전화 번호를 1,400명까지 기억할 수 있습니다. 두 번째, 시간을 알 수 있습니다. 국내 시간과 세계 27개 도시의 현재 시간과 날짜를 알 수 있습니다. 세 번째, 계산도 할 수 있습니다. 여러 가지 복잡한 계산을 할 수 있습니다. 네 번째, 달력이 있습니다. 다섯 번째, 스케줄을 기록할 수 있고, 약속 시간에는 알람 기능으로 약속 시간을 알려 줄 수 있습니다. 여섯 번째, 중요한 정보를 메모할 수 있습니다. 통장 번호, 자동차 번호, 신용 카드 번호를 메모할 수 있습니다. 일곱 번째, 영어와 일본어, 한자 사전이 있습니다. 그래서 외국어를 쉽게 공부할 수 있습니다.

여러분은 친구들에게 어떤 선물을 줍니까? 여러분 친구에게 이런 선물은 어떻습니까?

▶ 단어와 표현

마음에 들다 | 전자 수첩 | 계산하다 | 복잡하다 | 국내 | 스케줄 | 기록하다 | 알려 주다
정보 | 메모하다 | 통장 | 신용 카드 | 여러 가지 | 사전

▶ 내용 이해

1. 전자 수첩은 어떤 중요한 정보를 메모할 수 있습니까?
2. 왜 외국어를 쉽게 공부할 수 있습니까?

1. 통장 번호, 자동차 번호, 신용 카드 번호를 메모할 수 있습니다.
2. 영어와 일본어, 한자 사전이 있습니다. 그래서 외국어를 쉽게 공부할 수 있습니다.

쇼핑 2

준비합시다 ACTIVITIES

-지 마십시오

1. 우리 주변에는 많은 표지들이 있습니다. 그 표지는 어떤 의미가 있습니까?

연습
Practice

다음 표지들은 어디에서 볼 수 있는 것들입니까?

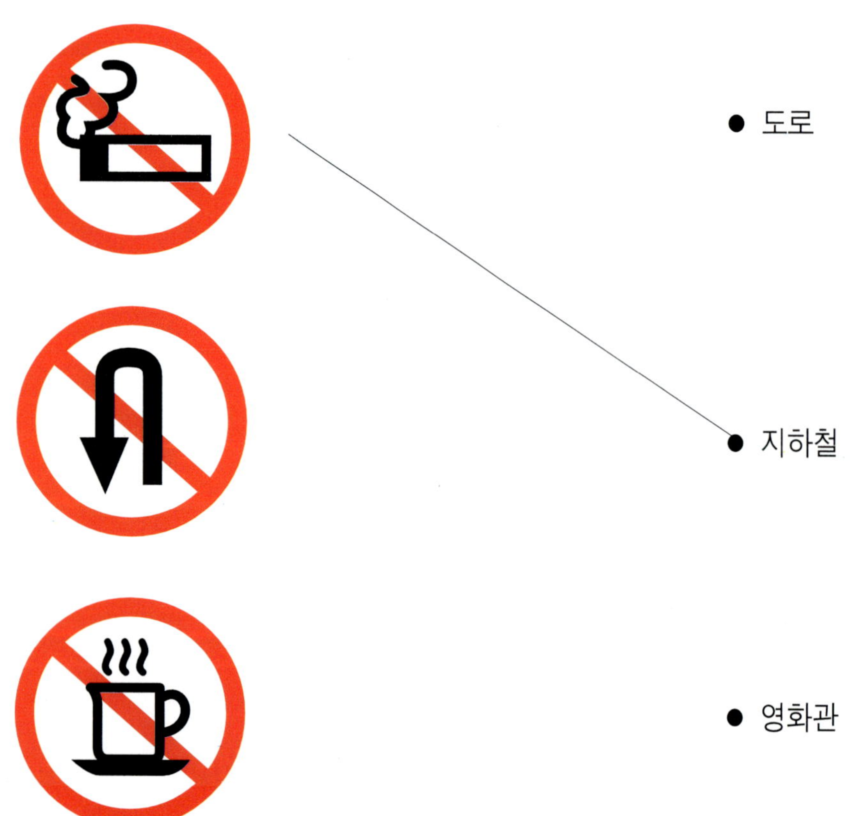

-(으)십시오, -지 마십시오

2. 여러분은 옷을 세탁하기 전에 세탁 표지를 봅니까? 옷을 사면 그 안에는 세탁 표지가 있습니다. 다음의 세탁 표지들은 어떤 뜻입니까?

연습 Practice

다음 표지들은 어떤 의미인지 써 보십시오. '-(으)십시오, -지 마십시오'를 사용해서 말하십시오.

담배를 피우지 마십시오.

- 담배를 피우다
- 사진을 찍다
- 손세탁을 하다
- 손을 대다
- 쓰레기를 버리다
- 안전 벨트를 매다
- 음식물을 먹다
- 자전거를 타다
- 조용히 하다
- 주차를 하다

-번째

3. 버스를 탈 때는 줄을 서서 기다리지요? 제일 먼저 온 사람은 누구입니까?

· 첫 **번째** 사람은 마이클입니다.

첫 **번째**	여섯 **번째**	열한 **번째**
두 **번째**	일곱 **번째**	열두 **번째**
세 **번째**	여덟 **번째**	.
네 **번째**	아홉 **번째**	.
다섯 **번째**	열 **번째**	마지막

연습 Practice

여러분은 모르는 곳을 찾아간 적이 있습니까? 모르는 곳을 찾아갈 때는 누군가에게 길을 물어보게 됩니다. 다음 그림을 보고 어디로 가야 하는지 묻고 대답해 보십시오.

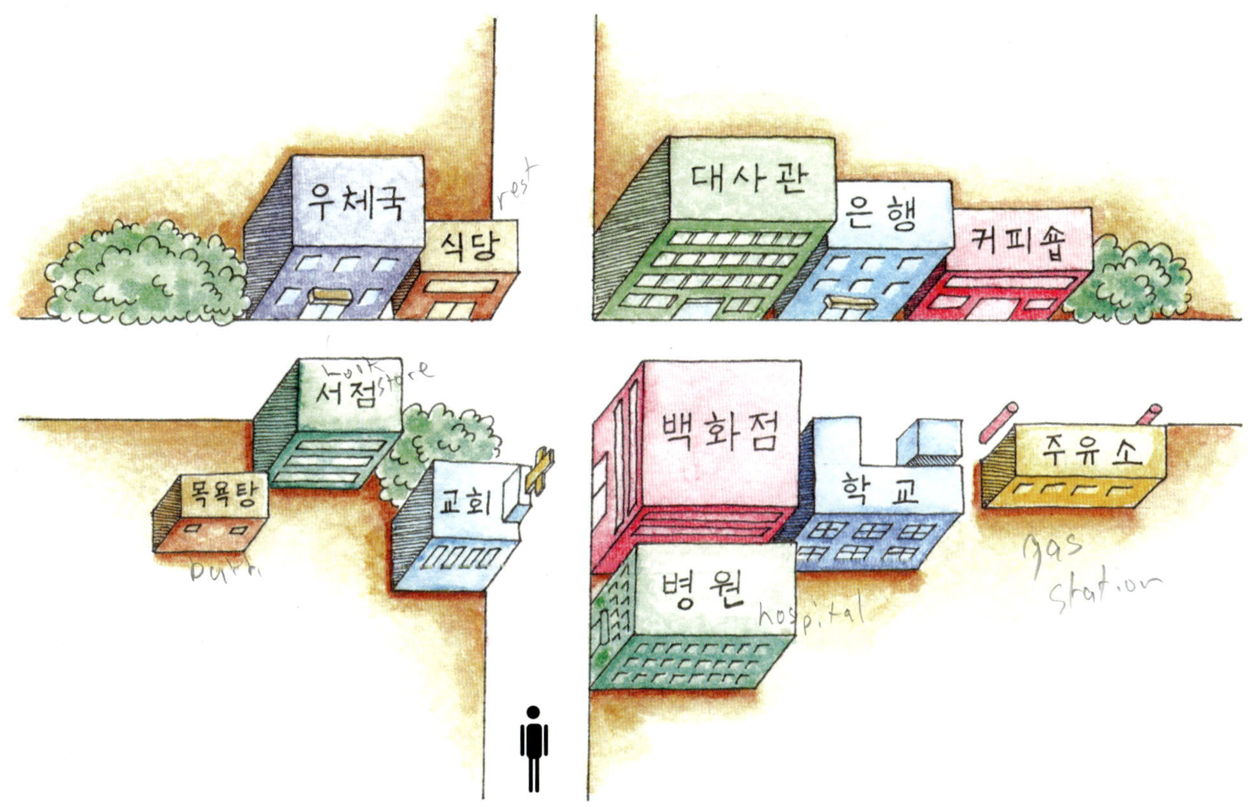

A: 은행이 어디에 있습니까?
B: 사거리에서 오른쪽으로 가십시오. 왼쪽에서 **두 번째**에 있습니다. 학교 맞은편에 있습니다.

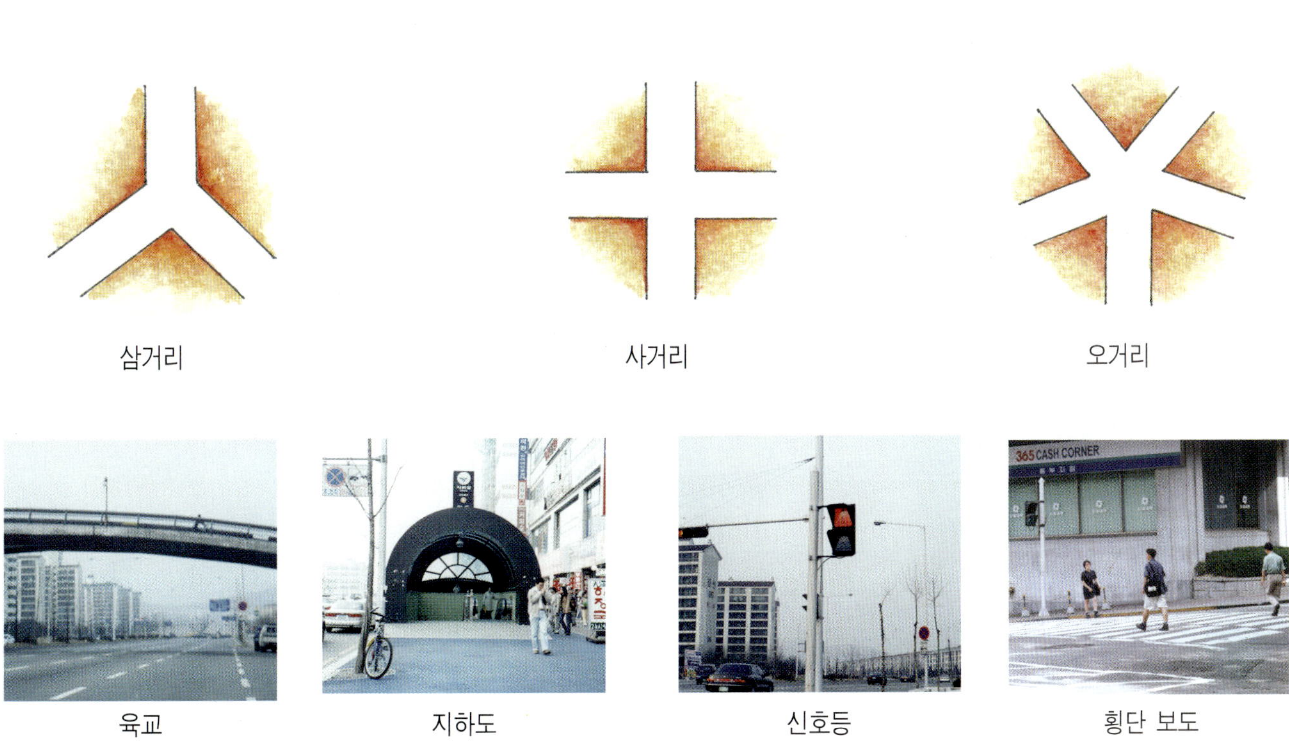

삼거리 사거리 오거리

육교 지하도 신호등 횡단 보도

▶ 교통 표지판

직진하다
(똑바로 가다)

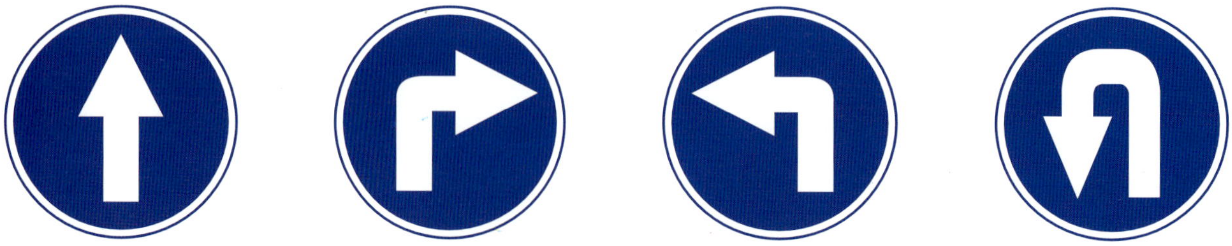

우회전하다
(오른쪽으로 가다)

좌회전하다
(왼쪽으로 가다)

U턴하다

-(으)면 안 되다

4. 공공 생활에는 규칙이 있습니다. 여러분은 규칙을 잘 지킵니까?

연습 Practice

다음 그림을 보고 '-(으)면 안 되다'를 사용해서 말해 보십시오.

들어가다 뛰다 만지다 음악을 듣다 큰 소리로 말하다

A: 그것은 만지**면 안 됩니다.**
B: 죄송합니다. 몰랐습니다.

한국에서는 식사중에 하면 안 되는 것들이 몇 가지 있습니다.

어른과 같이 식사를 할 때는 어른보다 수저를 먼저 들면 안 됩니다. 어른이 먼저 수저를 들고 식사를 시작한 후에 식사를 시작해야 합니다. 그리고 식사중에 코를 풀면 안 됩니다. 실례가 되기 때문입니다. 식사중에 젓가락으로 식탁을 두드리지 마십시오. 복이 도망간다고 아주 싫어합니다. 입에 음식을 넣고 말을 하지 마십시오. 식사할 때 국그릇을 들고 먹으면 안 됩니다.

여러분 나라의 식사 예절은 어떻습니까?

해 봅시다 TASKS

1. 냉장고를 한 대 사고 싶습니다. 백화점의 상품 소개서를 보고 백화점에 전화를 하십시오. 그리고 원하는 냉장고를 전화로 주문하십시오.

직원: 서울 백화점입니다.
은주: 여보세요? 냉장고를 하나 주문하고 싶습니다.
직원: 상품 번호가 어떻게 됩니까?
은주: b-31243입니다.
직원: 98만 원짜리 550 *l* 냉장고입니까?
은주: 네, 맞습니다.
직원: 이름과 주소를 말씀하십시오.
은주: 제 이름은 이은주입니다. 주소는 서대문구 연희동 145번지입니다.
직원: 돈은 백화점 카드로 하시겠습니까, 아니면 현금으로 하시겠습니까?
은주: 카드로 내겠습니다.
직원: 냉장고는 다음 주 화요일에 도착할 겁니다. 감사합니다.

▶ **단어와 표현**

주문하다
상품 번호
도착하다
카드로 내다

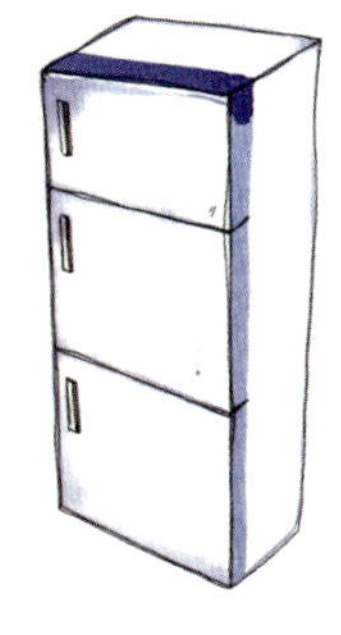

98만 원짜리 550 *l*

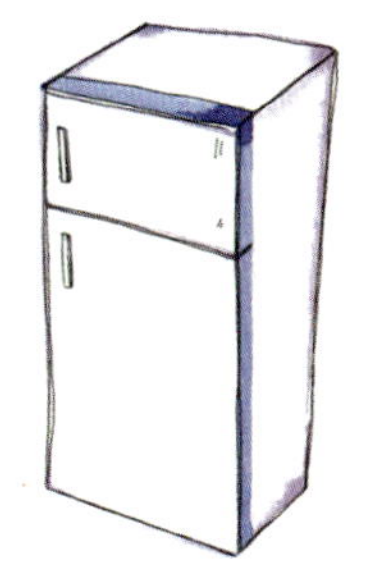

90만 원짜리 500 *l*

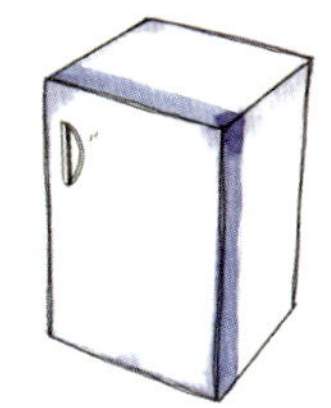

80만 원짜리 300 *l*

2. 백화점의 배달원이 배달을 가려고 합니다. 집의 위치를 알고 싶어서 전화를 합니다. 위치를 설명해 주십시오.

배달원: 거기가 이은주 씨 댁입니까?
은주: 네, 그런데요.
배달원: 여기는 서울백화점입니다. 주문하신 냉장고가 오늘 오후에 배달될 겁니다. 주소가 서대문구 연희동 145번지입니까?
은주: 네, 맞습니다.
배달원: 그 곳에는 어떻게 가야 합니까?
은주: 먼저 연희동 사거리로 오세요. 그리고 연희동 사거리에서 오른쪽으로 들어오십시오. 그리고 200m쯤 더 오세요. 그러면 작은 사거리가 나올 거예요.
배달원: 그 다음에는요?
은주: 오른쪽에 외환은행이 있습니다. 외환은행의 작은 골목으로 들어오십시오. 골목에서 오른쪽 세 번째 집입니다.
배달원: 네, 알겠습니다.

▶ 단어와 표현

배달되다
들어오다
골목

큰 사거리 작은 사거리 골목

3. 여러분은 지난 주에 냉장고를 주문했습니다. 오늘 배달원이 냉장고를 가지고 와서 냉장고를 어디에 놓을지 묻습니다. 여러분은 배달원에게 주의 사항을 물어 보십시오.

배달원: 이 냉장고를 어디에 놓을까요?
은주: 글쎄요, 전에는 오른쪽 구석에 있었는데 여기에 놓으면 어떨까요?
배달원: 냉장고는 물과 불이 가까운 곳에 있으면 안 됩니다. 저기 싱크대 옆이 좋겠습니다.

은주: 그래요? 또 다른 주의 사항이 있습니까?
배달원: 이 냉장고는 220V만 사용해야 합니다. 그리고 콘센트에는 다른 가전 제품을 많이 꽂지 마십시오. 위험합니다.
은주: 냉장고는 지금 곧 사용할 수 있습니까?
배달원: 아닙니다. 전기를 꽂고 2시간 후부터 사용하십시오.

▶ **단어와 표현**

오른쪽 구석 | 싱크대 | 콘센트 | 가전 제품 | 꽂다 | 위험하다

전자 제품

1. 냉장고	2. 텔레비전(TV)	3. 오디오	4. 전자 레인지
5. 비디오	6. 라디오 카세트	7. 컴퓨터	8. 청소기
9. 전기 믹서기	10. 세탁기	11. 건조기	12. 식기 세척기
13. 에어컨	14. 선풍기	15. 전기 밥솥	16. 팩시밀리
17. 가습기			

4. 여러분의 새 친구가 옷을 하나 샀습니다. 그렇지만 세탁 방법을 잘 몰라서 물어봅니다. 세탁 표지를 읽고 세탁 방법을 말해 주십시오.

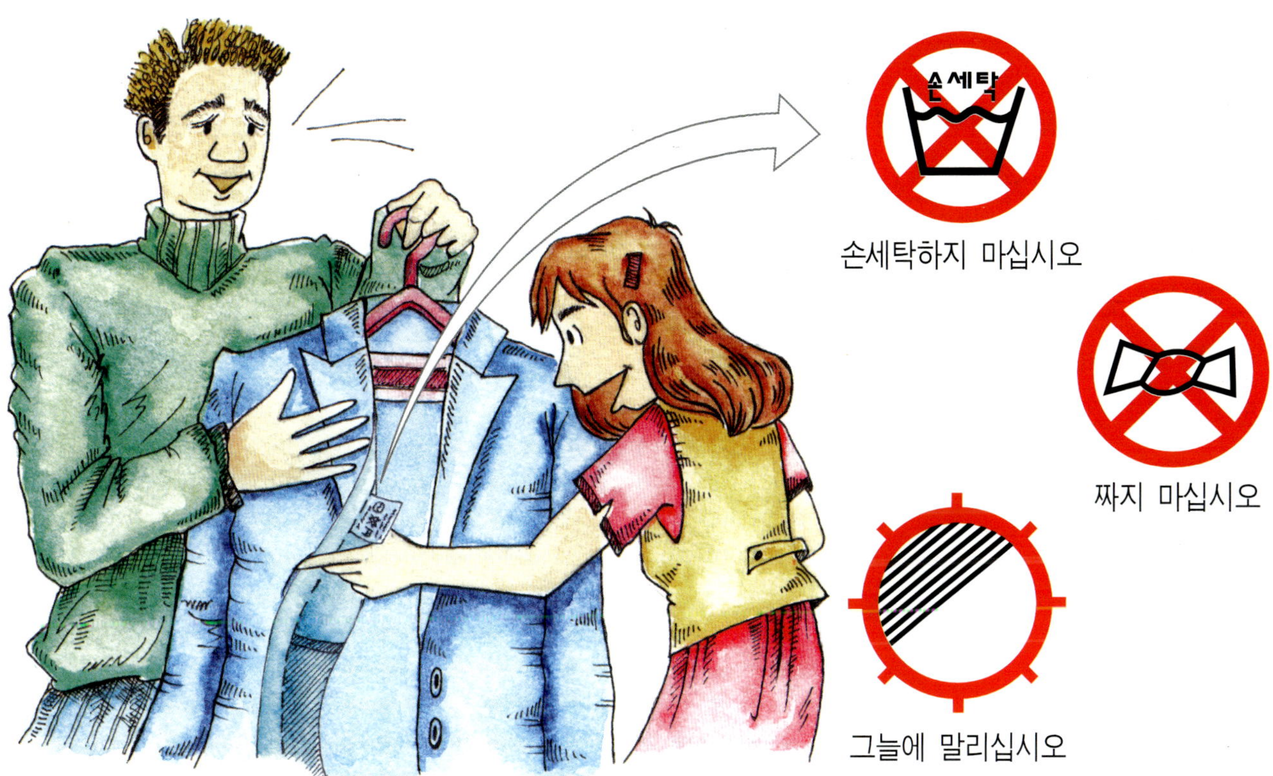

리처드: 은영씨, 이것 좀 도와 주세요.
은영: 뭔데요?
리처드: 제가 며칠 전에 옷을 하나 샀는데 세탁 방법을 모르겠어요. 은영씨, 이 옷이에요.
은영: 옷 안에 세탁 표지가 있을 거예요. 아, 여기 있군요. 음 – 이 옷은 물빨래하면 안 돼요. 이 표시는 '드라이를 하십시오'라는 뜻이에요. 그리고 이것은 '짜지 마십시오'라는 뜻이에요.
리처드: 아, 이것이 '짜지 마십시오'라는 뜻이었군요. 그런데 이건 뭐예요?
은영: 이것은 '그늘에 말리십시오'라는 뜻이에요. 그러니까 이 옷은 물빨래하면 안 돼요. 세탁소에 맡기세요.
리처드: 네, 알겠어요. 그런데 세탁소는 어디에 있지요?
은영: 골목에서 나가면 사거리가 있어요. 그 사거리에서 오른쪽으로 가면 은행이 있어요. 은행 맞은편에 세탁소가 있어요.

▶ **단어와 표현**

세탁 표지 | 물빨래 | 드라이하다 | 짜다 | 그늘 | 말리다 | 세탁소 | 맡기다 | 맞은편

읽기 READING

제품 설명서

다음은 어떤 제품에 대한 설명입니까?

1. 먼저 재료를 용기에 넣으십시오. 재료를 너무 많이 넣지 마십시오.
2. 뚜껑을 닫아 주십시오. 사용중에 뚜껑을 열면 안 됩니다.
3. 경사진 곳에 놓고 사용하지 마십시오.
4. 3분 이상 계속 사용할 때는 2분 정도 쉬고 다시 사용하십시오.
5. 다 끝난 것을 확인하십시오. 그 다음에 뚜껑을 여십시오.

이것은 무엇입니까?

▶ **단어와 표현**

제품 설명서 | 용기 | 넣다 | 재료 | 뚜껑 | 중에 | 경사지다 | 사용하다 | 3분 이상 | 확인하다

〈정답〉 믹서기

제 11 과

전화와 생활

준비합시다 ACTIVITIES

전화 표현

1. 여러분은 전화를 걸 때나 받을 때 어떻게 말합니까? 다음은 전화와 관련된 표현입니다.

▶ **전화를 받을 때**

A: 여보세요? 거기 김수미 씨 계십니까?
B: **전데요.**
A: 안녕하세요? 저는 박철수입니다.

▶ **전화가 잘못 왔을 때**

A: 여보세요?
B: 여보세요?
A: 거기 360-3186이지요?
B: 아닙니다. **잘못 거셨습니다. 여기는 360-3189입니다.**
A: 죄송합니다.

▶ 찾는 사람이 없을 때

A: 여보세요? 수경씨 계십니까?
B: **지금 안 계신데요. 실례지만 누구세요?**
A: 저는 김준호입니다. **나중에 다시 걸겠습니다.**

▶ 다른 사람에게 전화가 왔을 때

A: 여보세요? 거기 360-3186입니까?
B: **네, 그렇습니다.**
A: 거기 김진오 씨 계십니까?
B: 네, **잠깐만 기다리세요.**
(잠시 후)
B: 진오씨, **전화 왔어요. 전화 받으세요.**

▶ 전화를 바꿀 때

A: 여보세요? 미영씨 집입니까?
B: 네. 그런데요.
A: 미영씨 좀 **바꿔 주세요.**
B: 네, 잠깐만 기다리세요.
(잠시 후)
C: 여보세요, **전화 바꿨습니다.**

▶ 호텔에 전화할 때

A: 여보세요? 거기 서울호텔이지요?
306호 부탁합니다.
B: 네.
(잠시 후)
B: **지금 통화중입니다.**
잠시 후에 다시 전화해 주세요.
A: 네.

전화

공중 전화하러 가다

수화기를 들다

동전을 넣다

전화를 걸다

통화중이다

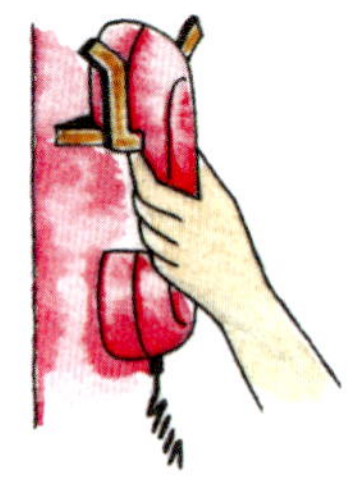
수화기를 놓다

다시 전화를 걸다

신호가 가다

-와/과 통화를 하다

전화를 (아무도) 안 받다

-지요?

2. 여러분이 알고 있는 것을 확인하고 싶으면 어떻게 묻습니까? 친구에 대해서 알고 있는 것을 다시 물어서 확인할 때 어떻게 말할까요?

연습
Practice

여러분은 제주도에 대해서 얼마나 알고 있습니까? 여러분이 알고 있는 것이 맞는지 '-지요?'를 사용해서 말해 보십시오.

· 섬이다 · 한라산이 있다 · 경치가 좋다 · 귤이 많다 · 신혼 여행을 가다 · 바람이 많이 불다

마이클: 민호씨, 제주도는 섬**이지요**?

민호: 네, 섬이에요. 그래서 배나 비행기로 가야 돼요.

-어/아 주시겠습니까?

3. 여러분은 도움이 필요할 때가 있지요? 다른 사람에게 부탁할 때 어떻게 말합니까? 정중하게 부탁하려면 어떻게 말하겠습니까?

연습 Practice

여러분이 모르는 사람에게 무엇을 부탁할 때 사용하는 표현들입니다. '-어/아 주시겠습니까?'를 사용해서 말해 보십시오.

· 사진을 찍다 · 책을 들다 · 창문을 닫다 · 가방을 내리다 · 조용히 하다 · 사전을 빌리다

A: 사진 좀 찍어 **주시겠습니까**?

B: 네.

-어/아 주세요

4. 친한 친구나 동료에게 도움을 요청할 때나 무엇인가를 부탁할 때 어떻게 말할까요?

여기 있어요.

연필 좀 빌**려 주세요.**

연습 Practice

파티 준비에 필요한 것을 '-어/아 주세요'를 사용해서 친구에게 부탁해 보십시오.

	누구에게?	부탁할 것
니콜	수민에게	사진을 찍다
	리처드에게	풍선을 불다
	엔리코에게	청소를 하다
	사라에게	음악을 틀다
	수잔에게	마실 것을 꺼내다

니콜: 수민씨, 사진 좀 찍**어 주세요.**
수민: 네.

-을/를 위해서

5. 여러분은 다른 사람을 위해서 무엇을 해 줄 때가 있지요? 어떤 경우에 다른 사람을 위해서 무엇을 해 줍니까?

연습 Practice

마이클은 지금 병원에 있습니다. 마이클의 친구들은 마이클을 위해서 무엇을 해 주었습니까?

편지를 쓰다, 책을 읽다, 전화를 받다, TV를 켜다, 창문을 닫다

제임스
사라
크리스
민호
수진

· 제임스는 마이클**을 위해서** 편지를 **써 주었습니다.**

-에서요, -에요…

6. 우리는 다른 사람과 이야기할 때 한 번 말한 것은 여러 번 반복하지 않습니다. 반복하지 않고 어떻게 간단하게 말할 수 있습니까?

연습 Practice

다음은 다미와 유진의 대화입니다. 다음 대화를 간단하게 말해 보십시오.

다미: 유진씨, 어제 뭐 했어요?
유진: 친구하고 영화를 봤어요.
다미: 무슨 영화를 봤어요?
유진: SF영화를 봤어요.
다미: 어디에서 영화를 봤어요?
유진: 서울극장에서 봤어요.
다미: 집에는 몇 시에 돌아왔어요?
유진: 저녁 8시에 돌아왔어요.

다미: 유진씨, 어제 뭐 했어요?
유진: 친구하고 영화를 봤어요.
다미: 무슨 영화**요**?
유진: ____________________.
다미: 어디에서 봤어요?
유진: ____________________.
다미: 집에는 몇 시에 돌아왔어요?
유진: ____________________.

전화에는 여러 가지 서비스가 많이 있습니다. 전화 번호를 모를 때는 114에 전화를 걸면 됩니다. 그러면 안내원이 전화 번호를 가르쳐 줄 겁니다. 다른 사람 집에 전화를 하는데 그 쪽 전화가 고장이 난 것 같으면 110번으로 전화를 하면 됩니다. 112번은 무엇일까요? 범죄 신고 번호입니다. 정확한 시간을 알고 싶으면 116으로 전화하면 됩니다. 불이 나거나 위급한 상황일 때는 119로 전화하십시오. 오늘이나 내일의 날씨를 알고 싶으면 131에 전화하십시오.

해 봅시다 Tasks

1. 여러분은 수업에 갈 수 없어서 학교에 전화를 했습니다. 그런데 다른 선생님이 전화를 받았습니다. 여러분의 선생님을 바꾸어 달라고 부탁하고 용건을 이야기하십시오.

(따르릉!)
존 베이커: 여보세요? 거기 이화여자대학교지요?
이진수: 네, 그런데요.
존 베이커: 죄송하지만 김진미 선생님 좀 바꿔 주시겠습니까?
이진수: 네, 잠깐만 기다리세요.

(잠시 후)
김진미: 여보세요, 전화 바꿨습니다.
존 베이커: 김 선생님, 안녕하세요? 저는 존 베이커입니다.
김진미: 존씨, 안녕하세요?
존 베이커: 오늘 회사에서 중요한 회의가 있습니다. 그래서 수업에 못 가겠습니다. 죄송합니다.
김진미: 알겠습니다. 그러면 다음 시간에 만납시다.
존 베이커: 그럼, 안녕히 계세요.
김진미: 안녕히 계세요.

▶ 단어와 표현

중요한 회의

2. 내일 저녁에 동창 모임이 있습니다. 그런데 그 모임이 취소되어서 친구에게 알려 주어야 합니다. 친구의 회사에 전화를 걸어서 메모를 남기십시오.

교환: 안녕하십니까? 국민회사입니다.
박영민: 여보세요? 거기 국민회사지요? 인사과 좀 부탁합니다.
교환: 잠깐만 기다리십시오.

(잠시 후)
이수진: 인사과 이수진입니다.
박영민: 여보세요? 김민석 과장님 좀 바꿔 주시겠습니까?
이수진: 지금 자리에 안 계신데요. 외출중이십니다.
박영민: 언제쯤 통화할 수 있습니까?
이수진: 두 시간쯤 후에 들어오실 겁니다.
박영민: 그러면 메모 좀 전해 주시겠습니까?
이수진: 말씀하십시오.
박영민: 저는 박영민이라고 합니다. 내일 동창 모임이 취소됐다고 전해 주십시오. 제가 오후에 다시 전화하겠습니다.
이수진: 알겠습니다.

▶ 단어와 표현

교환 | 인사과 | 과장님 | 자리에 안 계시다 | 외출중이다 | 통화하다 | 들어오다
메모를 전해 주다 | 동창 모임 | 취소되다 | 다시

3. 여러분은 오늘 급한 일이 생겨서 집에 파출부 아주머니가 오기 전에 일찍 외출했습니다. 집에 전화를 걸어서 집안 일을 부탁하십시오.

파출부: 여보세요?
김지영: 여보세요? 아주머니세요? 제가 급한 일이 생겨서 일찍 나왔어요.
파출부: 그러세요? 오늘 김치를 담가야 되지요?
김지영: 네, 너무 짜지 않게 담가 주세요. 그리고 와이셔츠들을 좀 다려 주세요.
파출부: 네, 그런데 세탁통에 있는 옷들은 빨 거지요?
김지영: 네, 그리고 아이들 방에 있는 이불도 좀 빨아 주세요.
파출부: 그렇게 하지요. 그런데 식탁 위에 있는 것은 뭐예요?
김지영: 참, 팬케이크를 만들려고 했어요. 아이들에게 팬케이크 좀 만들어 주세요.
그럼, 부탁합니다. 수고하세요.
파출부: 알겠습니다.

▶ 단어와 표현

급히 | 나오다 | 김치를 담그다 | 짜다 | 다리다
세탁통 | 빨다 | 이불 | 팬케이크

읽기 READING

재미있는 전화 번호

한국에는 재미있는 전화 번호가 많이 있습니다. 전화 번호책을 보면 '000-2424'라는 번호가 있습니다. 어디인 것 같습니까? 전화를 걸어 보십시오. 그러면 이삿짐 센터가 나올 겁니다. 왜 그럴까요? 2424를 발음하면 '이사이사'가 됩니다. 아시겠지요? 그러면 5252는 어디인 것 같습니까? '오이오이' 싱싱한 야채를 파는 가게집 전화 번호입니다. 그러면 8282는 어디일까요? '빨리빨리' 심부름 센터입니다. 2875는 어디일까요? 이팔칠오, 이빨치로, 이빨치료. 이빨을 치료하는 곳, 치과 전화 번호입니다. 서울역 전화 번호는 무엇인 것 같습니까? 기차 소리는 '칙칙폭폭'이지요? 칙칙폭폭, 칠칠팔팔, 7788번이 서울역 전화 번호입니다. 중고품 가게는 팔고사고 하는 곳이니까 8949입니다. 1004를 읽으면 천사, 천사들이 사는 곳이라는 뜻입니다. 1009는 '천국'과 발음이 비슷합니다. 교회 전화 번호입니다.

어떻습니까? 이제 전화 번호를 보면 어디 전화 번호인지 아시겠지요?

▶ **단어와 표현**

전화 번호책 | 이삿짐 센터 | 발음하다 | 싱싱하다 | 야채 | 심부름 센터 | 이빨 | 치료
치과 | 기차 소리 | 중고품 가게 | 천사 | 천국 | 비슷하다

▶ **내용 이해**

1. 야채를 파는 가게의 전화 번호는 몇 번입니까?
2. 왜 서울역의 전화 번호는 7788입니까?

1. 5252
2. 기차 소리 '칙칙폭폭' 하고 비슷하기 때문입니다.

옷

준비합시다 ACTIVITIES

색

1. 여러분은 무슨 색을 좋아합니까?

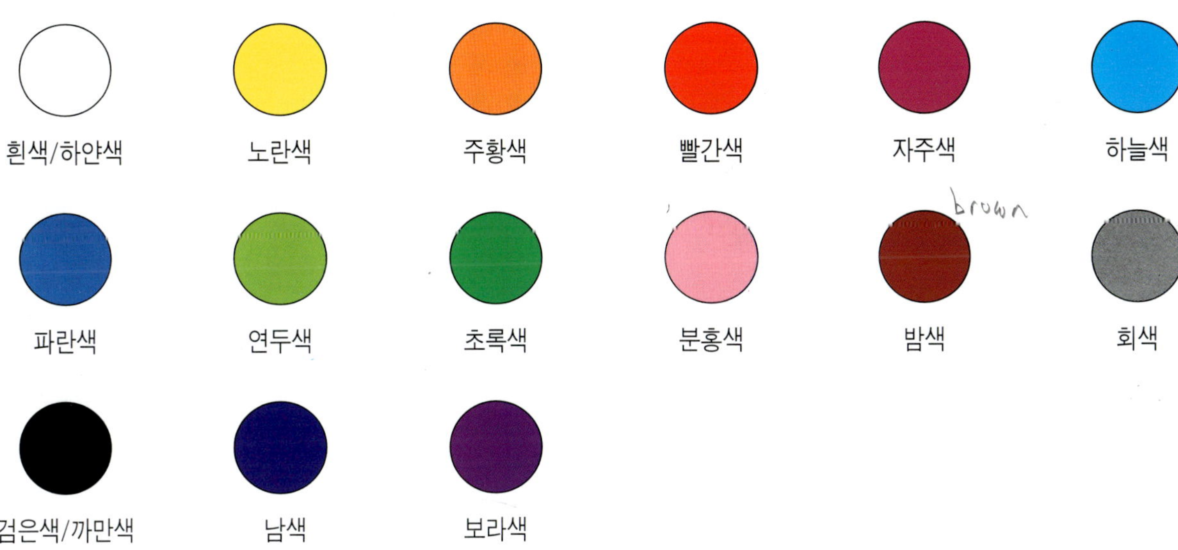

연습 Practice

여러분 나라의 국기를 그리고 칠해 보십시오.

대한민국

2. 때와 장소에 따라 옷차림이 달라집니다. 여러분은 음악회에 갈 때 어떤 옷을 입습니까? 등산이나 스키장에 갈 때는 어떤 옷을 입습니까?

상의

재킷　점퍼　남방

와이셔츠　블라우스　스웨터　조끼

하의

치마　바지

청바지　반바지

외투

코트　바바리 코트　파카

속옷

러닝 셔츠　팬티　속치마

기타

양복(정장)　잠옷　웨딩 드레스　한복　교복　운동복　우비

신발

구두
운동화
샌들
슬리퍼
부츠
고무신

가방

핸드백
여행용 가방
서류 가방
배낭

소품

모자
장갑
스카프
양말
넥타이
손수건
스타킹

액세서리

귀걸이
반지
목걸이
시계
팔찌
허리띠
넥타이 핀
브로치

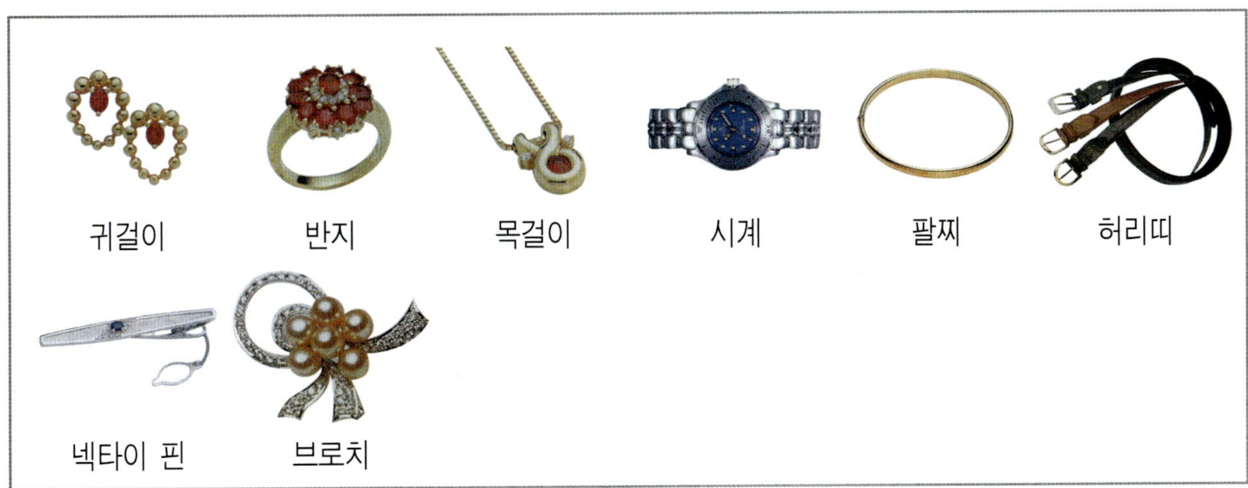

여러분은 다음과 같은 경우에 어떤 옷을 입습니까? 표에 써 보십시오.

	옷	신발	소품
음악회에 갈 때	양복	구두	넥타이 핀
등산 갈 때			
결혼식에 갈 때			
학교에 갈 때			
스키장에 갈 때			

-(으)ㄴ/는 N

3. 여러분은 아파트에서 삽니까? 아니면 주택에서 삽니까? 여러분은 어떤 집을 좋아합니까?

유진의 집

니콜의 집

유진의 집은 아파트입니다. 유진의 방은 작**은** 방입니다. 그리고 방에는 작**은** 책상이 있습니다. 그렇지만 니콜의 집은 **큰** 주택입니다. 니콜의 방에는 **큰** 책상이 있습니다.

연습 Practice

다음 문장에 맞게 동사를 바꿔 넣으십시오.

게이코는 어제 백화점에서 친구를 만났습니다. 날씨가 더워서 콜라를 마셨습니다. 콜라는 아주 **시원했습니다.** 친구는 커피를 마셨습니다. 커피는 **뜨거웠습니다**. 친구와 이야기를 많이 했습니다. 그리고 점심에는 냉면을 먹었습니다. 아주 **맛있었습니다**. 냉면을 먹고 치마를 샀습니다. 치마는 **길었습니다.** 아주 **예뻤습니다**.	➡	게이코는 어제 백화점에서 친구를 만났습니다. 날씨가 더워서 시원한 콜라를 마셨습니다. 그렇지만 친구는 ________ 커피를 마셨습니다. 게이코는 친구와 이야기를 많이 했습니다. 그리고 점심에는 ________ 냉면을 먹었습니다. 냉면을 먹고 ____________ 치마를 샀습니다. 아주__________ 치마였습니다.
크리스는 겨울을 좋아합니다. 겨울에는 날씨가 춥습니다. 그리고 눈이 많이 옵니다. 그래서 스키를 탈 수 있습니다. 스키는 아주 **재미있습니다**. 이번 겨울에도 크리스는 산에 스키를 타러 갈 겁니다.	➡	크리스가 좋아하는 계절은 겨울입니다. 겨울에는 눈이 많이 옵니다. 그래서 ________________ 스키를 탈 수 있습니다. 이번 겨울에도 크리스는 산에 스키를 타러 갈 겁니다.

-(으)ㄴ/는 N

4. 여러분 친구나 동료는 어떻게 생겼습니까? 키가 큽니까? 키가 작습니까? 여러분 친구나 동료가 어떤 사람인지 설명할 때 어떻게 말하겠습니까?

사라: 어떤 사람이 마이클씨 친구입니까?
마이클: **키가 큰 사람**이 제 친구입니다.

연습
Practice

다음은 제니퍼와 리처드에 대한 글입니다. 다음 글을 읽고 ________ 에 맞는 말을 써 보십시오.

제니퍼는 제 친구입니다. 호주에서 왔습니다. 제니퍼는 예쁩니다. 그리고 **날씬합니다**. 제니퍼의 남자 친구는 **멋있습니다**.

제니퍼는 제 친구입니다. 호주에서 왔습니다. 예쁘고 날씬한 여자입니다. 그리고 ____________ 남자 친구가 있습니다.

리처드는 제 회사 동료입니다. 리처드는 조금 **뚱뚱합니다.** 마음이 아주 **넓습니다.** 그래서 회사 사람들이 모두 리처드를 좋아합니다. 리처드의 여자 친구는 키가 작고 **귀엽습니다.**

리처드는 제 회사 동료입니다. 리처드는 조금 ______________ 사람입니다. 마음이 아주 ______________ 사람입니다. 그래서 회사 사람들이 모두 리처드를 좋아합니다. 리처드는 키가 작고 __________________ 여자 친구가 있습니다.

-고 있다

5. 여러분은 소매치기를 당한 적이 있습니까? 아니면 누군가가 다른 사람의 물건을 훔치는 것을 본 적이 있습니까? 이런 사건을 목격했을 때, 경찰에게 범인의 인상 착의를 설명해야 합니다. 어떻게 말하겠습니까?

연습 Practice

다음은 공원 미아 보호소에 있는 아이들입니다. 아이들의 인상 착의를 말해 보십시오.

마이클	히로코	미셸	삐징

인상 착의

마이클	히로코	미셸	삐징
• 짧은 바지를 입다	• 원피스를 입다	• 운동 모자를 쓰다	• 긴 코트를 입다
• 안경을 쓰다	• 스카프를 매다	• 작은 배낭을 메다	• 장갑을 끼다
• 운동화를 신다	• 가방을 들다	• 허리띠를 하다	• 구두를 신다

어머니: 우리 아이 마이클을 찾습니다. 마이클은 짧은 바지를 입**고 있습니다**. 안경을 쓰**고 있습니다**. 그리고 운동화를 신**고 있습니다**.

옛날부터 한국 민족을 '백의민족(**白衣民族**)'이라고 했습니다. 왜냐 하면 한국 사람들이 흰색 옷을 즐겨 입었기 때문입니다.

좋아하는 옷색깔은 사람마다 나라마다 다릅니다. 어떤 조사 결과에 의하면 한국인이 가장 좋아하는 색깔은 여전히 흰색으로 나타났습니다. 이에 비해 유럽 사람들은 짙은 녹색이었습니다. 전체적으로 한국 사람이나 유럽 사람 모두 다른 옷색깔과 잘 어울릴 수 있는 흰색과 검정색을 좋아하는 것으로 나타났습니다. 다만 유럽 사람들은 감색, 파란색, 자주색, 녹색처럼 짙은 색을 좋아하지만 한국 사람들은 하늘색, 분홍색, 살색처럼 밝고 예쁜 색상을 더 좋아하는 것으로 나타났습니다.

여러분은 어떤 색을 좋아합니까? 어떤 색상의 옷을 즐겨 입습니까?

해 봅시다 TASKS

1. 내일 홍콩에서 여행 안내원을 만나려고 합니다. 서로 얼굴을 모르기 때문에 전화로 자신의 인상 착의를 설명해 주어야 합니다. 전화를 걸어 자신의 인상 착의를 설명하십시오.

박상진: 안녕하십니까? 홍콩 여행사의 박상진입니다.
김수경: 안녕하세요? 여기는 서울 김수경이에요.
박상진: 아, 김수경 씨. 내일 홍콩에 오실 거지요?
김수경: 네, 그런데 제가 홍콩에 처음 가요. 그래서 걱정이에요.
박상진: 걱정하지 마십시오. 제가 공항까지 나가겠습니다.
김수경: 알겠습니다. 그런데 제가 박상진 씨를 어떻게 찾지요?
박상진: 저는 키가 크고 좀 뚱뚱합니다. 그리고 안경을 썼습니다. 내일 초록색 점퍼를 입고 청바지를 입고 있을 겁니다. 저는 김수경 씨를 어떻게 찾을 수 있을까요?
김수경: 저는 키가 좀 작고 머리는 짧은 커트머리예요. 그리고 빨간색 셔츠에 청바지를 입고 있을 거예요. 손에는 여행 가방을 들고 있을 거예요.
박상진: 그러면 내일 공항에서 만납시다.
김수경: 안녕히 계세요.

▶ **단어와 표현**

여행사 | 공항

커트머리

짧은 머리

긴 머리

단발머리

파마머리

2. 백화점에서 겨울 코트를 사려고 합니다. 자신이 원하는 코트를 말하고 코트를 고르십시오.

점원: 어떤 코트를 찾으세요?
수경: 따뜻하고 멋있는 코트를 사고 싶은데요.
점원: 긴 코트를 찾으세요? 짧은 코트를 찾으세요?
수경: 긴 코트요.
점원: 여기 이 흰색 코트는 어떠세요? 따뜻하고 좋아요.
수경: 그런데 흰색은 금방 더러워져요. 저 회색 코트는 어때요?
점원: 저 코트는 좀 얇아요. 그리고 짧은 코트예요.
요즘 파란색이 유행인데 파란색은 어떠세요?
가볍고 아주 따뜻해요. 그리고 가격도 괜찮아요.
수경: 파란색이요? 유행이 금방 바뀌지 않을까요?
파란색 옆에 있는 까만색 코트를 보여 주세요.
점원: 네, 여기 있습니다.

▶ **단어와 표현**

- 금방
- 더러워지다
- 요즘 -이/가 유행이다
- 가격도 괜찮다

3. 공항에서 가방을 잃어버렸습니다. 공항 사무실에 가서 잃어버린 가방에 대해서 설명하십시오.

수진: 오늘 오후 2시 KE 012편을 타고 왔는데 공항에서 가방을 잃어버렸어요.
직원: 가방이 무슨 색입니까?
수진: 까만색이고 크기는 가로, 세로 80센티미터쯤 돼요.
직원: 가방이 어떤 모양입니까?
수진: 네모난 가죽 가방이에요. 밑에는 바퀴가 달려 있어요. 끈이 있어서 멜 수도 있고 들 수도 있어요.
직원: 가방 안에는 무엇이 들어 있습니까?
수진: 가방 안에는 여름옷과 지갑과 여권이 들어 있어요.
직원: 잠깐만 기다리세요.
(잠시 후) 이 가방입니까?
수진: 아니오, 이 가방보다 좀더 커요. 그리고 끈이 더 길어요.
직원: 다시 찾아보겠습니다.
(잠시 후) 성함이 김수진 씨입니까?
수진: 네. 그 가방 맞습니다. 고맙습니다.

▶ 가방

모양: 네모난 모양, 동그란 모양
재질: 천, 가죽, 비닐

읽기 READING

강아지를 찾습니다!

강아지를 찾습니다! 아주 귀여운 마르치스 강아지입니다. 이름은 뽀삐입니다. 생후 60일 되었습니다. 키는 30cm쯤 됩니다. 털은 흰색이고 아주 깁니다. 코는 까만색이고 귀가 아주 깁니다. 목에는 빨간색 방울을 달고 있습니다. 사흘 전 슈퍼마켓에서 잃어버렸습니다.

이 개를 보시는 분은 꼭 저에게 연락해 주시기 바랍니다.

전화: 645-3577
호출: 015-913-9174

▶ 단어와 표현

강아지 | 생후 | 방울 | 잃어버리다 | 연락하다

▶ 내용 이해

1. 강아지를 언제 잃어버렸습니까?
2. 강아지의 코와 귀는 어떻게 생겼습니까?

1. 사흘 전에 잃어버렸습니다.
2. 코는 까만색이고 귀는 아주 깁니다.

제 13 과 날씨

준비합시다 ACTIVITIES

계절

1. 한국에는 사계절이 있습니다. 여러분은 무슨 계절을 좋아합니까? 지금은 무슨 계절입니까?

봄	여름	가을	겨울
3 월	6 월	9 월	12 월
4 월	7 월	10 월	1 월
5 월	8 월	11 월	2 월

· 한국의 3, 4, 5월은 **봄**입니다.

연습 Practice

여러분은 무슨 계절을 좋아합니까? 왜 그 계절을 좋아합니까?

이름	좋아하는 계절	좋아하는 이유
존스	봄	날씨가 따뜻하다, 소풍을 가다, 꽃이 피다
패트릭	여름	수영하다, 수상 스키를 타다, 스쿠버 다이빙을 하다
제니퍼	가을	선선하다, 날씨가 좋다, 여행을 가다
요코	겨울	눈이 오다, 스키를 타다

· 패트릭은 여름을 좋아합니다. 왜냐 하면 여름에는 수영을 할 수 있습니다. 수상 스키도 탈 수 있습니다. 그리고 스쿠버 다이빙도 할 수 있습니다.

날씨

2. 여러분은 한국의 가을 날씨를 압니까? 가을이 되면 보통 날씨가 맑고 덥지도 춥지도 않습니다. 여러분은 어떤 날씨를 좋아합니까? 여러분은 눈이 오는 것을 좋아합니까? 비가 오는 날씨를 좋아합니까?

연습 Practice

오늘 날씨가 어떤지 말해 보십시오.

영민: 오늘 날씨는 어떻습니까?
은주: 오늘은 비가 오고 바람이 붑니다.

-겠습니다

3. 여러분은 일기 예보를 라디오나 텔레비전이나 신문에서 보고 알지요? 아나운서가 일기 예보를 알려 줍니다. 아나운서가 어떻게 말할까요?

A: 내일 날씨는 어때요?
B: 비가 올 겁니다. 그리고 바람도 불 겁니다.

연습 Practice

다음은 세계 주요 도시의 내일 날씨입니다. 그림을 보고 날씨를 말해 보십시오.

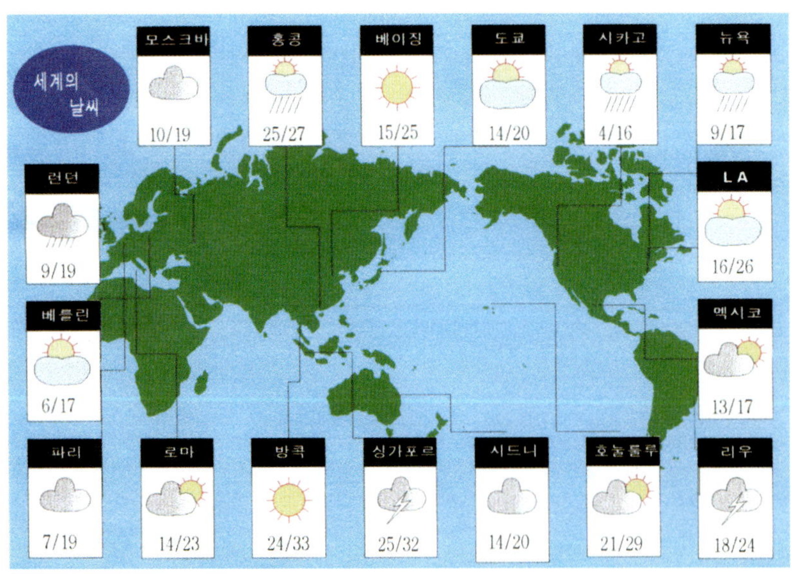

A: 내일 런던 날씨는 어때요?
B: 내일 런던은 흐리고 비가 올 거예요.
아침 최저 기온은 영상 9도, 낮 최고 기온은 영상 19도예요.

▶ **최저 기온, 최고 기온**

-(으)면

4. 일기 예보는 우리 생활에서 중요한 역할을 하지요? 여러분은 날씨 때문에 계획을 변경하거나 약속을 취소한 일이 있습니까?

연습 Practice

여러분은 다음과 같은 일이 있으면 무엇을 합니까? '-(으)면'을 사용해서 말해 보십시오.

조건	하는 일
기분이 좋다/ 기분이 나쁘다	노래를 부르다/ 혼자 술을 마시다
시간이 있다/ 시간이 없다	친구에게 편지를 쓰다/ 친구에게 전화하다
배가 고프다/ 배가 부르다	밥을 두 그릇 먹다/ 과일만 먹다
날씨가 좋다/ 날씨가 흐리다	소풍을 가다/ 집안 일을 하다

· 기분이 좋**으면** 노래를 부릅니다. 그렇지만 기분이 나쁘**면** 혼자 술을 마십니다.

-(이)나, -거나

5. 여러분은 시간이 있으면 보통 무엇을 합니까? 취미 활동을 합니까?

· 민우는 시간이 있으면 책**이나** 잡지를 봅니다.

· 은주는 시간이 있으면 친구를 만나**거나** 영화를 봅니다.

연습 Practice

다음 사람들은 시간이 있으면 무엇을 합니까? 다음 표를 보고 '-(이)나, -거나'를 사용해서 말해 보십시오.

이름	영화 보기	기타 치기	음악 듣기	독서	피아노 연주	운동	기타
마이클			√	√			
다나카	√					√	
제니퍼		√			√		
미셸				√			√

· 마이클은 시간이 있으면 보통 집에서 책을 읽**거나** 음악을 듣습니다.

-에서/-에게서

6. 여러분은 세계적인 관심사나 새로운 소식을 주로 어디에서 얻습니까?

연습
Practice

올해 아카데미상은 누가 받았는지 친구에게 물어 보십시오. 그리고 그것을 어떻게 알았는지 묻고 답하십시오.

이름	라디오	TV	신문	친구	어머니
샐리			√		√
리처드		√		√	
마이클	√				
수잔		√	√		

한나: 샐리씨는 그 소식을 어떻게 알았습니까?
샐리: 신문**에서** 읽었습니다. 그리고 어머니**에게서**도 들었습니다.

▶ -에게서 = -한테서

일기 예보는 우리 생활에 꼭 필요합니다. 여러분은 오늘의 날씨나 일 주일의 날씨를 어디에서 알 수 있습니까? 라디오에서, 아니면 텔레비전 뉴스에서 듣습니까?

지금처럼 대중 매체가 발달되기 전에 사람들은 동물의 움직임이나 몸의 상태로 날씨를 짐작했습니다. 제비가 보통 때보다 낮게 날면 그 날은 비가 옵니다. 그리고 개구리가 많이 울면 비가 옵니다. 할머니나 할아버지의 허리가 아프거나 무릎이 쑤시면 비가 옵니다. 그럼 어떤 경우에 날씨가 좋을까요? 오전에 안개가 많이 끼거나 밤에 별이 잘 보이면 날씨가 맑습니다.

여러분 나라에도 날씨를 짐작하는 특별한 방법이 있습니까?

해 봅시다 TASKS

1. 여러분의 남편이 지금 출근 준비를 하고 있습니다. 남편의 출근 준비를 도와 주십시오.

남편: 여보, 내 손수건 어디에 있어요?
아내: 옷장 두 번째 서랍에요.
남편: 참, 일기 예보 들었어요?
아내: 네, 아까 라디오에서 들었어요. 오후에 비가 오고 바람이 많이 불 거래요.
남편: 그러면 오늘은 좀 쌀쌀하겠군요.
아내: 그러니까 바바리 입고 가세요. 그리고 우산도 가져가세요.
남편: 알았어요. 그런데 차 열쇠가 없어요. 차 열쇠 못 봤어요?
아내: 아까 텔레비전 위에서 봤어요.
남편: 아, 여기 있어요.
아내: 비가 오면 길이 막히니까 오늘은 자동차 가져가지 마세요.
남편: 그게 좋겠어요.
아내: 늦겠어요. 빨리 가세요.

▶ **단어와 표현**

일기 예보 | 쌀쌀하다 | 길이 막히다 | 서랍

A: 열쇠 **못 봤어요?**
B: 텔레비전 위**에서 봤어요.**

2. 여러분은 휴가라서 지금 설악산에 있습니다. 그런데 날씨가 안 좋아서 내일 일정을 바꿔야 합니다. 친구와 내일 일정을 다시 세우십시오.

이치로: 역시 설악산은 경치가 좋군요. 공기도 맑고요.
제임스: 설악산에 참 잘 왔어요.
이치로: 그런데 내일 눈이 많이 올 거예요.
제임스: 그래요? 일기 예보를 들었어요?
이치로: 아까 텔레비전에서 봤어요.
제임스: 그럼 내일 등산을 못 하겠군요.
이치로: 그러면 내일은 뭘 할까요?
제임스: 우리 수영이나 볼링을 합시다.
이치로: 글쎄요. 나는 노래방에 가고 싶어요.
제임스: 노래방은 저녁에도 갈 수 있으니까 먼저 수영을 합시다.
이치로: 그래요. 그리고 모레 날씨가 좋아지면 등산을 하거나 테니스를 칩시다.
제임스: 좋아요.

▶ 단어와 표현

공기가 맑다 | 노래방

3. 여러분은 3년 동안 한국에 근무하러 갈 겁니다. 한국 친구에게 한국의 여름 날씨에 대해서 물어 보십시오.

민수: 마틴씨, 언제 한국에 갈 겁니까?
마틴: 다음 달에 갈 겁니다. 민수씨, 한국의 여름 날씨는 어떻습니까?
민수: 한국의 여름 날씨는 덥습니다. 특히 장마철이 되면 습기가 많고 후텁지근합니다.
마틴: 장마가 무엇입니까?
민수: 장마는 여름에 약 한 달 정도 비가 오는 시기를 말합니다. 비가 오지만 시원하지 않습니다.
마틴: 언제 장마가 시작됩니까?
민수: 보통 유월 중순이나 유월 말부터 장마가 시작됩니다.
마틴: 장마가 끝난 후의 날씨는 어떻습니까?
민수: 굉장히 덥습니다. 그래서 오후에 밖에 너무 오래 있으면 더위를 먹습니다. 더위를 먹으면 어지럽고 머리가 아픕니다.
마틴: 어이구, 벌써부터 걱정이 됩니다. 저는 여름을 싫어합니다.
민수: 걱정하지 마십시오. 제가 좋은 방법을 가르쳐 드리겠습니다.

▶ **단어와 표현**

후텁지근하다 | 습기가 많다 | 더위(를) 먹다 | 삼복 더위(초복/중복/말복)
불쾌지수가 높다 | 일교차가 심하다 | 장마철 | 유월 중순/유월 말 | 어지럽다 | 방법
가르쳐 드리다

읽기 READING

우산 장수와 짚신 장수

옛날 어느 마을에 한 할머니가 살았습니다. 그 할머니의 큰아들은 우산 장수였습니다. 그리고 작은아들은 짚신 장수였습니다. 그래서 할머니는 날씨가 맑으면 큰아들이 우산을 팔 수 없어서 걱정을 했습니다. 그리고 비가 오면 작은아들이 짚신을 팔 수 없어서 걱정을 했습니다. 같은 마을에 사는 할아버지가 할머니의 이야기를 듣고 말했습니다. "날씨가 맑으면 작은아들이 짚신을 팔 수 있어서 좋고, 비가 오면 큰아들이 우산을 팔 수 있어서 좋지 않습니까?" 할아버지의 이야기를 들은 할머니는 기분이 좋아졌습니다. 그리고 날씨가 맑거나 흐리거나 걱정을 하지 않았습니다.

▶ 단어와 표현

장수 | 짚신 | 옛날 | 큰아들(장남) | 작은아들(차남) | 같은 마을

▶ 내용 이해

1. 할머니의 두 아들은 무슨 일을 했습니까?
2. 할머니는 날씨가 맑으면 왜 걱정을 했습니까?

1. 할머니의 큰아들은 우산 장수이고, 작은아들은 짚신 장수였습니다.
2. 큰아들이 우산을 팔 수 없어서 걱정을 했습니다.

사회 생활

준비합시다 ACTIVITIES

-(으)ㄹ까요?, -(으)ㅂ시다

1. 여러분은 주말에 보통 무엇을 합니까? 친구를 만납니까? 아니면 집에서 쉽니까? 친구에게 어떤 일을 제안할 때 뭐라고 말합니까?

A: 토요일에 뭘 할까요?
B: 영화를 **봅시다.**

연습 Practice

특별한 날에 무엇을 하면 좋은지 친구들에게 제안해 보십시오.

특별한 날	무엇을 할까요?
생일	생일 파티를 하다, 노래방에 가다, 술을 마시다, 디스코테크에 가다
휴가, 방학	여행을 가다, 집에서 쉬다, 컴퓨터를 배우다
크리스마스	가족에게 선물을 하다, 크리스마스 트리를 만들다, 맛있는 케이크를 만들다

A: 생일에 무엇을 **할까요?**
B: 생일 파티를 **합시다.**

그러니까, -(으)ㅂ시다

2. 여러분은 친구가 제안한 것에 대해서 다른 제안을 할 때가 있지요? 왜 그런 제안을 하게 됐습니까?

A: 백화점에 갑시다. 버스를 탈까요, 지하철을 탈까요?
B: 오늘은 토요일입니다. 그래서 길이 막힐 겁니다. **그러니까** 버스를 타**지 맙시다.** 지하철을 **탑시다.**

연습
Practice

다음 두 개 중에서 하나를 선택하고 왜 그것을 선택했는지 이유를 말해 보십시오.

이름	선택 사항		이유
리처드	산	바다	공기가 맑다, 수영하다, 시원하다, 깨끗하다
요코	비빔냉면	불고기	맵다, 시원하다, 비싸다, 맛있다
민수	아파트	단독 주택	정원이 있다, 편하다, 조용하다, 전망이 좋다

A: 휴가에 어디에 갈까요? 산에 갈까요? 바다에 갈까요?
B: 수영하고 싶어요. **그러니까** 바다에 **갑시다.**

-어/아야 하다, -지 않아도 되다

3. 여러분은 시간이 있으면 보통 무엇을 합니까? 영화를 봅니까? 아니면 운동을 합니까? 여러분은 수영하는 것을 좋아합니까? 수영장에 갈 때 가져가야 하는 필수품에는 어떤 것이 있습니까? 다음 그림을 보면서 무엇이 필요한지, 무엇이 필요 없는지 말해 보십시오.

	준비물	꼭 가져가야 하는 것	가져가지 않아도 되는 것
수영장	라디오, 수영 모자, 튜브, 물안경, 우산, 사진기, 필름, 비누, 선글라스, 슬리퍼, 수건, 수영복, 오리발, 모자	수영복, 물안경, 수영모자…	튜브, 오리발…
학교	핸드폰, 공책, 사전, 연필, 책가방, 책, 숙제, 지우개, 가족 사진, 여권, 학생증, 빗, 거울, 화장품		
등산	배낭, 판쵸, 나침반, 담요, 코펠, 버너, 쌀, 음식, 물, 모자, 손전등		

A: 수영장에 갈 때 무엇을 가져가야 합니까?
B: 수영복은 **가져가야 합니다.** 그렇지만 튜브는 **가져가지 않아도 됩니다.** 수영장에서 빌릴 수 있습니다.

그러면

4. 여러분은 걱정이나 고민이 있으면 보통 누구와 의논합니까? 부모님이나 친한 친구에게 고민을 털어 놓고 조언을 구합니까? 여러분 친구나 동료가 조언을 구할 때 여러분은 어떻게 말해 주겠습니까?

A: 한국말을 잘 하고 싶습니다. 어떻게 해야 합니까?
B: 숙제를 열심히 하십시오. **그러면** 잘 할 수 있을 겁니다.
C: 한국 친구를 사귀십시오. **그러면** 한국말을 잘 할 수 있을 겁니다.

연습
Practice

조언을 구하는 친구에게 좋은 방법을 말해 주십시오. '그러면'을 사용해서 말해 보십시오.

하고 싶은 일	조 언
싼 가구를 사다	중고시장, 벼룩신문, 대형 할인매장
집을 구하다	복덕방, 친구에게 부탁, 벼룩신문의 광고
쇼핑을 하다	남대문시장, 동대문시장, 백화점, 대형 할인매장

A: 싼 가구를 사고 싶습니다.
B: **그러면** 중고시장에 가십시오. 싼 가구가 많이 있습니다.

'바람' 이 무슨 말인지 알고 있습니까? 물론 바람은 날씨를 말할 때 쓰는 것입니다. '바람이 많이 불어요' , '바람이 차가워요' 처럼. 그렇지만 '바람맞다' 에는 조금 다른 뜻이 있습니다. 친구와 약속을 했는데 친구가 약속 장소에 나오지 않았습니다. 몇 시간 동안 기다렸지만 친구는 끝까지 오지 않았습니다. 그 때의 기분, 차가운 바람이 지나간 것 같은 빈 가슴, 우리는 이 때 '바람맞았다' 라고 말합니다.

해 봅시다 TASKS

1. 주말에 친구와 같이 영화를 보고 싶습니다. 친구와 약속 장소와 약속 시간을 정해 보십시오.

마이클: 영민씨, 다음 주에 시간이 있습니까?
영민: 다음 주 언제요?
마이클: 토요일에요.
영민: 토요일 오후에는 시간이 있습니다.
마이클: 그러면 같이 영화를 봅시다.
영민: 무슨 영화를 볼까요?
마이클: 미국 영화를 봅시다. SF 영화 어때요?
영민: 네, 좋아요. 그 영화는 어디에서 합니까?
마이클: 서울극장에서 합니다. 3시에 만납시다.
영민: 어디에서 만날까요?
마이클: 극장 앞에서 만납시다.
영민: 극장 앞에는 사람이 너무 많습니다.
극장 옆 커피숍에서 만납시다.
마이클: 좋아요. 그러면 다음 주 토요일 3시에
커피숍에서 만납시다.

▶ 어떤 영화를 좋아합니까?

- 공상 과학 영화
- 만화 영화
- 액션 영화
- 공포 영화
- 전쟁 영화
- 첩보 영화
- 서부 영화
- 코미디
- 뮤지컬

2. 친구가 퇴근 후에 만나자고 제안합니다. 그렇지만 여러분은 다른 일이 있습니다. 친구에게 이유를 말하고 제안을 거절하십시오.

경수: 영민씨, 이번 주 토요일 오후에 회식이 있습니다.
　　　이야기 들었습니까?
영민: 아니오, 몇 시예요?
경수: 회사일이 끝나고 2시에 회사 앞 식당입니다.
영민: 네, 알겠습니다.
경수: 그런데 영민씨, 오늘 일 끝나고 한잔 합시다.
영민: 오늘은 안 됩니다. 오늘 시골에서 부모님이 올라오십니다.
　　　저녁에 공항에 나가야 합니다.
　　　그러니까 술은 다음에 합시다.
경수: 집에 무슨 일이 있습니까?
영민: 네, 어머니 생신입니다. 술은 내일 어때요?
경수: 좋습니다. 내일 한잔 합시다.

▶ 단어와 표현

회식 | 시골 | 부모님
올라오다 | 공항
차(술) 한잔 합시다
무슨 일이 있어요?

3. 여러분이 친구에게 이번 휴가에 어디에 갈지 의견을 묻습니다. 친구는 어떤 곳이 좋을지 제안합니다. 어떤 곳이 좋을지 이야기하고 결정하십시오.

마이클: 경수씨, 이번 휴가에는 어디로 갈까요?
경수: 글쎄요. 제주도는 어떨까요? 마이클씨는 제주도에 가 봤습니까?
마이클: 네, 제주도는 작년 여름에 가 봤습니다.
경수: 그럼 어디가 좋을까요? 마이클씨는 어디를 가고 싶습니까?
마이클: 경주에 가고 싶어요. 설악산도 좋고요.
경수: 그럼 경주로 갈까요?
마이클: 좋습니다.
경수: 며칠 동안 있을까요?
마이클: 4박 5일이 좋겠어요. 그런데 잠은 어디에서 잘까요?
경수: 경주에는 여관이나 호텔이 아주 많이 있습니다. 그렇지만 주말에는 경주를 여행하는 사람이 아주 많습니다. 그러니까 호텔을 예약합시다.
마이클: 그럽시다.

▶ 단어와 표현

여관 | 예약하다

▶ 1박 2일/ 2박 3일/ 3박 4일/ 4박 5일

4. 마음에 드는 여자에게 데이트를 신청하려고 합니다. 그래서 주말에 어떤 것을 하면 좋을지 여러 가지 제안을 해 봅니다. 여자의 마음에 들게 데이트 신청을 해 보십시오.

제임스: 경희씨, 안녕하세요?
경희: 안녕하세요? 제임스씨! 요즘 어떻게 지내세요?
제임스: 잘 지냅니다. 그런데 경희씨, 이번 주말에 시간 있습니까?
경희: 네, 시간 있어요. 왜요?
제임스: 경희씨와 데이트를 하고 싶어서요.
경희: 좋아요.
제임스: 그러면 같이 영화를 볼까요?
경희: 글쎄요. 요즘 재미있는 영화가 없는 것 같아요.
제임스: 그러면 에버랜드에 갈까요?
경희: 에버랜드는 너무 멀어요. 그리고 주말이라서 길이 막힐 거예요. 그러니까 에버랜드는 가지 맙시다.
제임스씨, 야구 경기 관람은 어때요?
제임스: 야구요? 경희씨도 야구를 좋아합니까?
경희: 네, 지난 주부터 프로 야구가 시작됐어요.
제임스: 좋습니다. 이번 주말에는 어디에서 야구 경기가 있습니까?
경희: 토요일에 잠실 운동장에서 LG와 해태의 경기가 있어요.
제임스: 그러면 토요일에 잠실 운동장에 갑시다.
경희: 그럽시다.

▶ 단어와 표현

멀다
길이 막히다
야구 경기 관람
프로 야구

LG : 해태, 3 : 2
〔LG 대 해태, 삼 대 이〕

읽기 READING

아기도 사람?

이수영 씨는 아주 오랜만에 하와이를 여행할 겁니다. 이수영 씨의 부모님은 하와이에 계십니다. 가족 모두가 이민을 갔기 때문입니다. 결혼 후에는 부모님을 만나지 못했습니다.

그리고 이번 여행은 혼자가 아닙니다. 지난 여름에 태어난 다섯 달 된 새 식구가 생겼기 때문입니다. 미국의 가족들이 다섯 달 된 아기, 성민이를 너무 보고 싶어합니다. 그래서 성민이와 함께 가는 이 여행이 너무도 즐겁습니다.

이수영 씨는 여행 준비를 시작했습니다. 제일 먼저 가족들 선물을 준비했습니다. 어머니께 드릴 예쁜 블라우스를 샀습니다. 아버지께 드릴 인삼도 샀습니다. 그리고 다른 가족들 선물도 샀습니다.

하와이는 날씨가 더우니까 여름옷을 준비했습니다. 예쁜 수영복도 준비하고 성민이 여름옷도 샀습니다. 그리고 아기에게 필요한 물건을 준비했습니다.

드디어 미국 여행을 가는 날입니다. 아침부터 기쁜 마음으로 여행 준비를 했습니다. 공항에서 출국 수속을 시작했습니다. 그런데, 그런데….

"아기와 같이 여행을 합니까?"
"네, 물론입니다."
"그러면 아기의 여권을 주십시오."
"아기 여권요?"
"네."
"얘는 한 살도 안 됐어요. 0살이에요. 0살!"
"그럼 이 아기는 사람이 아닙니까?"
"물론 사람이지요…."
"그럼 여권을 준비하셔야 합니다."
"그래도, 얘는 0살인데…."

▶ 단어와 표현

이민가다 | 새 식구 | 출국 수속 | 여권

▶ 내용 이해

1. 이수영 씨는 왜 하와이로 여행을 갑니까?
2. 이수영 씨는 왜 하와이로 여행을 못 갔습니까?

1. 이수영 씨의 부모님은 하와이에 계십니다. 오랫동안 부모님을 만나지 못했습니다. 그래서 부모님을 만나러 갑니다.
2. 아기의 여권을 준비하지 않았습니다. 그래서 여행을 못 갔습니다.

제 15 과

취미

준비합시다 ACTIVITIES

-기

1. 여러분은 주말에 보통 무엇을 합니까? 등산을 합니까? 아니면 낚시를 합니까? 여러분의 취미는 무엇입니까?

음악 감상 / 여행(하기) / 낚시 / 그림 그리기

우표 모으기 / 운동(하기) / 등산(하기) / 사진 찍기

연습 Practice

여러분 친구의 취미가 무엇인지 묻고 대답해 보십시오.

	마이클	제니퍼	다나카	사라
영화 감상		√		
음악 감상				√
낚시	√		√	
여행하기		√		
독서			√	
그림 그리기		√		
등산하기	√		√	
운동하기				√
우표 모으기	√			
기타				피아노 치기

민 호: 마이클씨, 취미가 무엇입니까?
마이클: 낚시와 등산하**기**와 우표 모으**기**입니다.

-는 것

2. 여러분은 토요일 오후에 무엇을 합니까? 친구를 만나서 술을 마십니까? 아니면 영화를 봅니까? 보통 무엇을 하는 것을 좋아합니까?

연습 Practice

여러분은 시간이 있으면 무엇을 합니까? 보통 뭐 하는 것을 좋아합니까?

이름	무엇을 합니까?	뭐 하는 것을 좋아합니까?
마이클	농구, 수영, 스키, 테니스	운동하다
제니퍼	가요, 팝송, 가곡, 오페라	음악을 듣다
다나카	연애 소설, 수필집, 시집	책을 읽다

니콜: 마이클씨, 시간이 있으면 무엇을 합니까?
마이클: 수영을 하거나 테니스를 칩니다. 저는 운동하**는 것**을 좋아합니다.

-(으)려고 하다

3. 여러분은 오늘 퇴근 후에 무엇을 할 겁니까? 오늘 저녁에 좋은 계획이 있습니까?

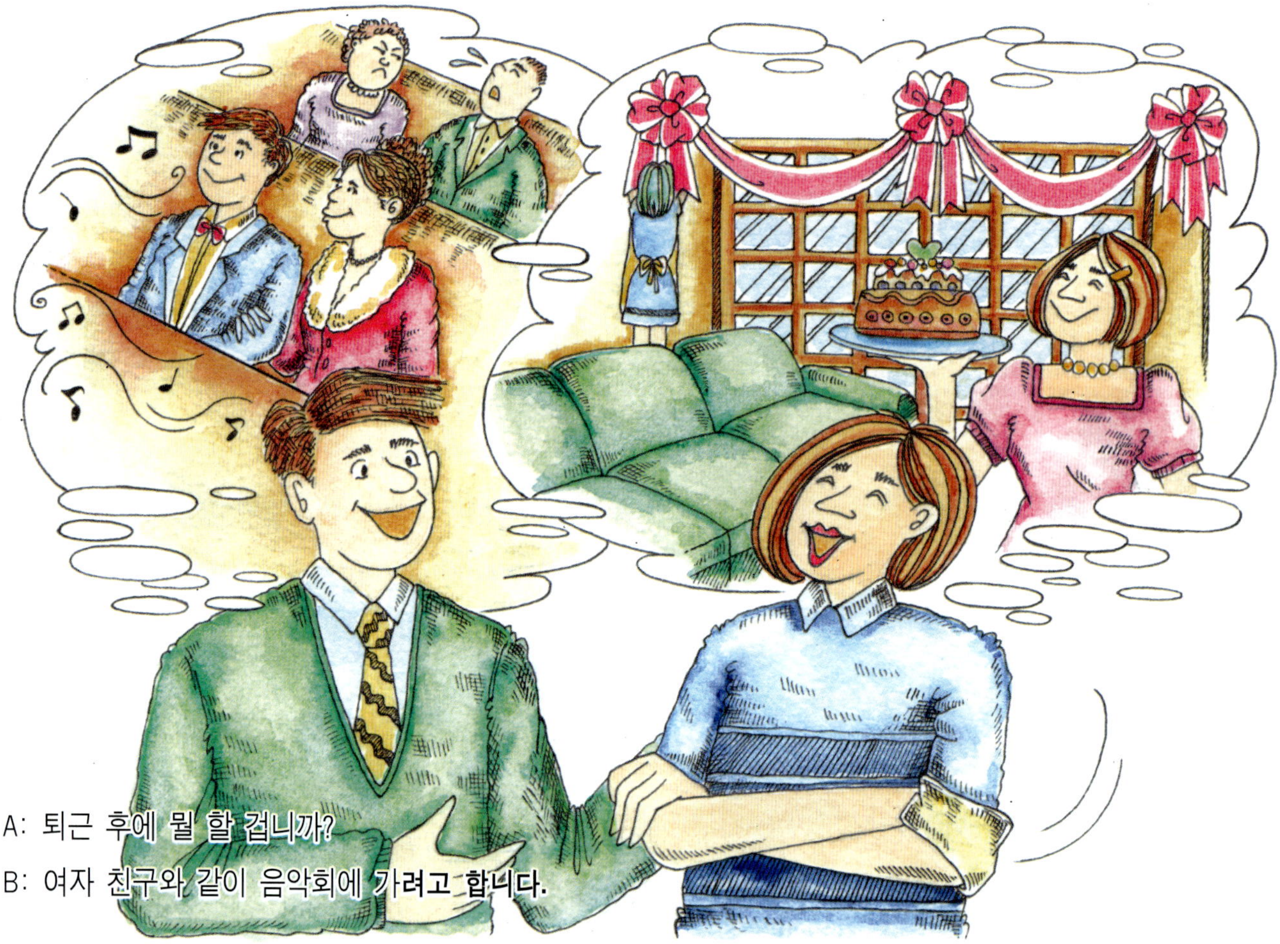

A: 퇴근 후에 뭘 할 겁니까?

B: 여자 친구와 같이 음악회에 **가려고 합니다.**

연습 Practice

다음 그림의 사람들은 어디에 갑니까? 무엇을 하려고 합니까?

· 민호는 헬스 클럽에 가서 운동을 하**려고 합니다.**

-(으)려고 했다

4. 여러분은 지금 무슨 일을 하고 있습니까? 회사원입니까? 여러분이 하고 있는 일에 만족합니까? 여러분의 어렸을 때 꿈은 무엇이었습니까?

· 김민호 씨는 어렸을 때 야구 선수가 되**려고 했습니다.** 그런데 지금은 회사에 다닙니다.

연습 Practice

다음 사람들은 어렸을 때 무엇이 되려고 했습니까? 그런데 지금은 무엇이 되었습니까? '-(으)려고 했다'를 사용해서 말해 보십시오.

이름	어렸을 때 꿈	현재 직업
마이클	비행기 조종사	택시 기사
켈리	발레리나	교사
제임스	과학자	변호사
사라	의사	간호사

마이클은 어렸을 때 비행기 조종사가 되**려고 했습니다.** 그런데 눈이 나빠졌습니다. 그래서 비행기 조종사가 될 수 없었습니다. 지금은 택시 기사입니다.

한국 사람들은 보통 시간이 있으면 무엇을 할까요? 텔레비전 시청이 41.2%로 가장 많았습니다. 수면 및 가사가 29.5%, 스포츠와 여행이 14%였습니다. 그리고 연령에 따라서 취미가 조금씩 다르게 나타났습니다. 10대~20대는 그림 그리기와 서예, 30대 ~ 40대는 스포츠와 여행, 50대 ~ 60대는 수면 및 가사였습니다. 즉, 젊을수록 활동적인 취미 활동이 많지만 연령이 높을수록 수면 및 가사가 많은 부분을 차지한다고 합니다.

- 동아일보 1997년 7월 6일자 참조 -

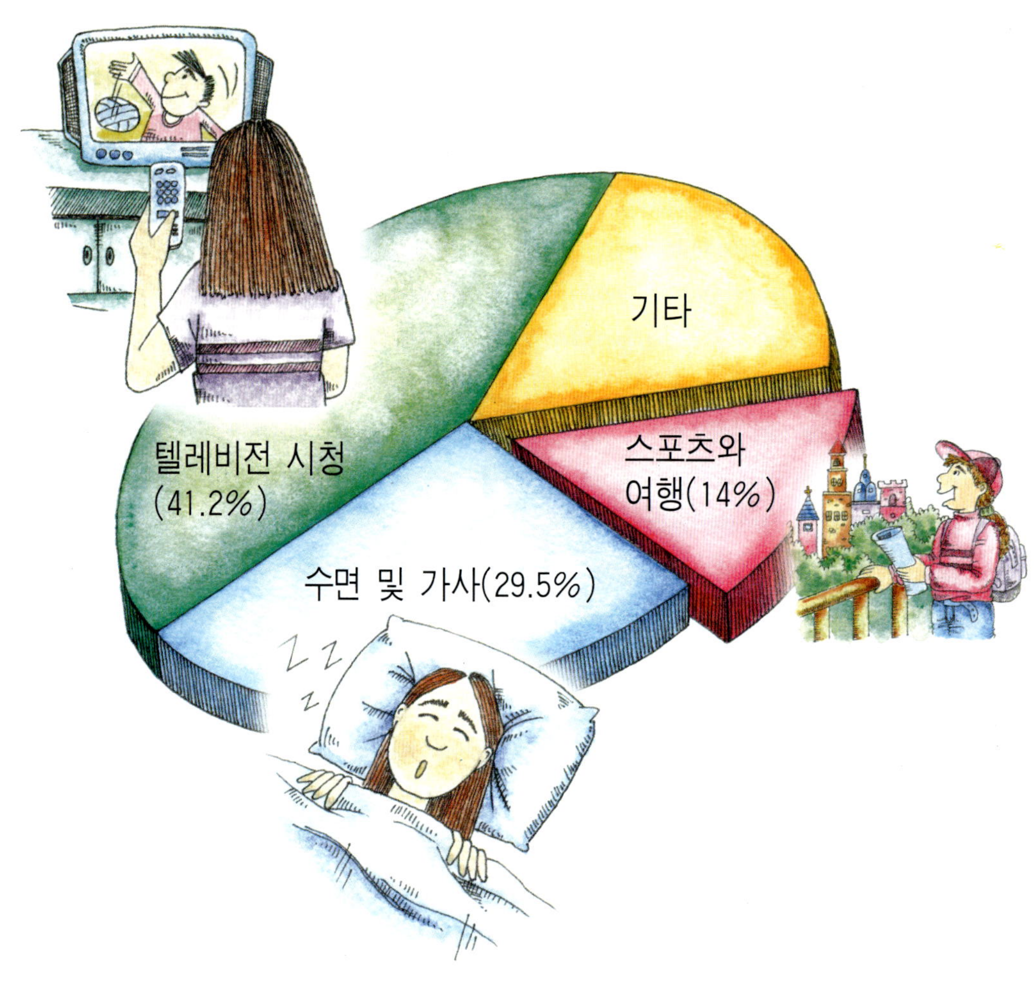

해 봅시다 TASKS

1. 취미가 비슷한 친구를 만났습니다. 친구와 취미에 대해 이야기를 나누십시오. 그리고 주말 약속을 하십시오.

마이클: 제임스씨는 취미가 뭐예요?
제임스: 제 취미는 그림 그리기예요. 마이클씨는 취미가 뭐예요?
마이클: 저는 사진 찍는 것을 좋아해요.
제임스: 좋은 취미를 가졌군요. 그런데 언제부터 사진을 찍었어요?
마이클: 고등 학교 때부터 찍기 시작했어요. 학교 선배한테서 처음 배웠어요.
제임스: 주로 어디에서 사진을 찍어요?
마이클: 저는 경치 찍는 것을 좋아해요. 그래서 산이나 바다로 여행을 많이 가요.
제임스: 그렇군요. 저도 자주 그림을 그리러 여행을 가요. 이번 주말에는 부산에 가려고 해요.
마이클: 그래요? 저도 지난 주말에 부산에 가려고 했어요. 그런데 비가 와서 못 갔어요.
이번 주말에 같이 갈까요?
제임스: 좋아요. 바닷가에서 수영도 하고 사진도 찍고 그림도 그립시다.
마이클: 네, 그럽시다.

▶ **단어와 표현**

선배 | 후배 | 가지다 | 주로 | 경치 | 바닷가

2. 여러분은 친구와 같이 영화를 보려고 합니다. 자신이 좋아하는 영화는 어떤 영화인지 이야기하십시오.

크리스: 은주씨, 주말에 보통 뭐 합니까?
은주: 저는 영화 보는 것을 좋아해요. 그래서 주말에는 보통 영화를 봐요.
크리스: 어떤 영화를 좋아해요?
은주: '007' 같은 첩보 영화나 '드라큘라' 같은 공포 영화를 좋아해요.
크리스: 저도 첩보 영화를 좋아합니다. 그렇지만 공포 영화는 좋아하지 않아요.
은주: 왜요?
크리스: 공포 영화를 보면 기분이 나빠요. 그리고 밤에 무서운 꿈을 꿉니다.
은주: 그래요? 저는 공포 영화를 보면 스트레스가 확 풀려요.
크리스: 아니, 어떻게 스트레스가 풀려요?
은주: 영화를 보면서 소리를 지르거든요.

▶ 단어와 표현

첩보 영화 | 공포 영화 | 무서운 꿈을 꾸다
스트레스가 확 풀리다 | 소리를 지르다

3. 여러분은 시간이 있으면 어떤 여가 활동을 하고 싶습니까? 회사 게시판에 취미 활동 클럽 안내가 있습니다. 회사 동료와 마음에 드는 클럽을 찾으십시오.

케빈: 태호씨, 무슨 클럽이 마음에 듭니까?
태호: 글쎄요, 케빈씨는 무엇을 하고 싶습니까?
케빈: 저는 골프치는 것을 좋아합니다. 그런데 여기에는 골프 클럽이 없군요.
태호: 볼링이나 테니스 클럽은 어떻습니까? 두 클럽은 우리 회사에서 아주 인기 있는 클럽입니다.
케빈: 그렇습니까? 왜 인기가 있습니까?
태호: 두 클럽은 회원이 많습니다. 그리고 일 년에 두 번 경기를 합니다. 우승자에게는 큰 선물도 줍니다.
케빈: 그래요? 그러면 태호씨도 볼링이나 테니스 클럽에 가입할 겁니까?
태호: 아니오. 저는 2년 동안 볼링 클럽 회원이었습니다. 이번에는 스쿠버 다이빙을 배우려고 합니다. 케빈씨도 같이 배웁시다.
케빈: 스쿠버 다이빙은 위험하지 않습니까?
태호: 아니오, 위험하지 않습니다. 그 클럽에는 전문 강사가 많이 있습니다. 그래서 잘 배울 수 있습니다.
케빈: 그래요? 그러면 스쿠버 다이빙 클럽에 같이 가입합시다.

▶ 단어와 표현

클럽 | 마음에 들다 | 골프를 치다 | 인기가 있다 | 회원 | 경기를 하다 | 우승자
클럽에 가입하다 | 스쿠버 다이빙 | 위험하다 | 전문 강사

읽기 READING

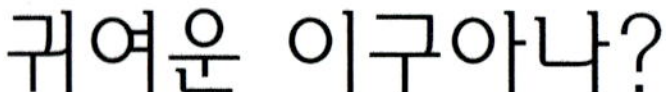

사람들은 보통 두세 가지의 취미를 가지고 있습니다. 음악 감상이나 영화 보기, 독서, 여행하기, 특별한 물건 모으기 등의 취미를 갖고 있습니다. 제 취미도 독서와 여행하기입니다. 그렇지만 남들과 다른 특별한 취미를 가지고 있는 사람들도 많이 있습니다. 특별한 취미를 갖고 있는 친구의 이야기를 하려고 합니다.

경미는 제 고등 학교 동창입니다. 경미의 취미는 애완 동물을 기르는 것입니다. 우리는 보통 강아지나 고양이나 새를 애완 동물로 기릅니다. 그렇지만 경미는 이구아나를 기릅니다. 이구아나는 열대 지방에 사는 큰 도마뱀입니다. 크기는 약 1.6m 정도이며 꼬리가 몸의 2/3입니다. 겉모습은 조금 무서워 보입니다. 그렇지만 독은 전혀 없어서 사람에게 해를 주지 않습니다. 이구아나의 먹이는 작은 곤충입니다. 그렇지만 풀잎이나 이끼도 먹습니다. 경미는 이구아나를 위해서 예쁜 집도 만들어 주었습니다. 경미는 녹색의 이구아나가 귀엽다고 하지만 나는 조금도 귀엽지 않습니다.

혹시 여러분도 이구아나를 기릅니까?

▶ 단어와 표현

특별하다 | 동창 | 애완 동물 | 기르다 | 열대 지방 | 도마뱀 | 크기 | 꼬리 | 겉모습
독 | 전혀 | 해를 주다 | 먹이 | 곤충 | 풀잎 | 이끼 | 녹색

▶ 내용 이해

1. 이 글을 쓴 사람의 취미는 무엇입니까?
2. 경미가 기르는 애완 동물은 무엇입니까?

1. 독서와 여행하기입니다.
2. 이구아나입니다.

찾아보기

문법

기능 표현

장소나 위치 가르쳐 주기

곧장 가세요 | 20
똑바로 가세요 | 20
오른쪽으로 가세요 | 20
왼쪽으로 가세요 | 20
죽 가세요 | 20
(시청역)에서 (1호선)으로 갈아타십시오 | 63
(신촌역)에서 지하철을 타십시오 | 63
(인천역)에서 내리십시오 | 63

감사 표현하기

감사합니다 | 31
고맙습니다 | 15, 20
수고하세요 | 22
수고하셨습니다 | 22

제안하기

-(으)ㄹ까요?: 무엇을 할까요? | 135
-(으)ㅂ시다: 한잔합시다 | 141

제안을 수락하기

그럽시다 | 142
네, 좋습니다 | 13

사과하기

-어/아서 미안합니다: 늦어서 미안합니다 | 86
못 가서 미안합니다 | 86
연락 드리지 못해서 죄송합니다 | 86

전화 걸기 · 받기

거기 (이화여자대학교)지요? | 13, 109
네, 그런데요 | 109
다시 전화하겠습니다 | 110
메모 좀 전해 주시겠습니까? | 110
여보세요? | 109
외출중이십니다 | 110
자리에 안 계시는데요 | 110
잠시만 기다리십시오, 잠시만 기다리세요, 잠시만요, 잠깐만 기다리십시오, 잠깐만 기다리세요, 잠깐만요 | 20, 64, 110
전화 바꿨습니다 | 109
죄송하지만 (선생님) 좀 바꿔 주시겠습니까? | 109
(동창 모임)이 취소됐다고 전해 주십시오 | 110

개인 정보 구하기

몇 살입니까? | 33
무슨 일을 합니까? | 2, 6, 29
성함이 어떻게 되십니까? | 64
어느 나라 사람입니까? | 2
어느 나라에서 왔습니까? | 8
어디에서 삽니까? | 2
연세가 어떻게 되셨습니까? | 33
이름이 무엇입니까? | 2
직업이 무엇입니까? | 2, 29
취미가 무엇입니까? | 5

단어

표현

교재 위원

현 윤 호
이화여자대학교 독어독문학과 박사 수료
이화여자대학교 언어교육원 전임강사
교재위원회 위원장

이 미 혜
이화여자대학교 국어국문학과 박사 과정
이화여자대학교 언어교육원 전임강사

안 성 희
이화여자대학교 국어국문학과 석사
이화여자대학교 언어교육원 강사

김 현 진
이화여자대학교 독어독문학과 박사 과정
이화여자대학교 언어교육원 강사

말이 트이는 한국어 I
Student Book

펴낸날: 제1판 제1쇄 1998년 10월 15일
펴낸날: 제1판 제6쇄 2004년 7월 5일

지은이: 이화여자대학교 언어교육원
펴낸이: 김용숙
펴낸곳: 이화여자대학교출판부
주소: 서울특별시 서대문구 대현동 11-1 우(120-750)
등록: 1954년 7월 6일 제9-61호
전화 번호: (02)3277-3164, (02)362-6076
팩시밀리: (02)312-4312
E-mail: press@ewha.ac.kr
http://www.ewhapress.com

ISBN 89-7300-357-7 14710
ISBN 89-7300-358-5 (세트)

값 15,000원